食品安全与综合防控

顾问 王晓明 王新华

主审 王 胜 孙建云

主编 桑向来 梁效成

编者（按姓氏笔画排序）

王玉明 石振银 李建东

李珍珍 关 宏 吴小平

张 睿 尚彦秀

Comprehensive Prevention and Control of Food Safety

图书在版编目（CIP）数据

食品安全与综合防控 / 桑向来，梁效成主编. -- 兰州：兰州大学出版社，2015.7
ISBN 978-7-311-04799-3

Ⅰ. ①食… Ⅱ. ①桑… ②梁… Ⅲ. ①食品安全一安全管理一研究 Ⅳ. ①TS201.6

中国版本图书馆CIP数据核字(2015)第184081号

策划编辑 宋 婷
责任编辑 张 萍
封面设计 周晓萍

书　　名 食品安全与综合防控
作　　者 桑向来 梁效成 主编
出版发行 兰州大学出版社 （地址:兰州市天水南路222号 730000）
电　　话 0931-8912613(总编办公室) 0931-8617156(营销中心)
　　　　 0931-8914298(读者服务部)
网　　址 http://www.onbook.com.cn
电子信箱 press@lzu.edu.cn
印　　刷 兰州大众彩印包装有限公司
开　　本 710 mm×1020 mm 1/16
印　　张 11.5
字　　数 223千
版　　次 2015年8月第1版
印　　次 2015年8月第1次印刷
书　　号 ISBN 978-7-311-04799-3
定　　价 25.00元

序

国以民为本，民以食为天，食品的质量与安全是关系到公众健康和国计民生的重大问题，同时，食品安全水平也是衡量一个国家经济发展水平和人民生活质量高低的重要标志。随着我国经济社会的发展，在基本解决了食品数量供给不足问题之后，食品安全问题日益显现，从种植业蔬菜农药残留，养殖业非法使用瘦肉精、三聚氰胺、苏丹红，到食品加工过程中过量使用食品添加剂、非法添加有毒有害化学品，食品安全问题层出不穷，不安全的食品危害着消费者的健康，食品安全事件常常引起社会性恐慌，影响了国内农产品消费和出口贸易，阻碍了我国农业和食品产业健康发展。

当前我省的食品安全同样面临严峻挑战，而防控工作才刚刚起步，为应对食品安全问题的复杂性、系统性、长期性和艰巨性，不仅需要政府监管，更需要社会各利益相关方共同协作，全体公众积极参与，建立健全法制保障。这本书以食品安全综合防控为指导思想，围绕食品安全这根主线展开，涵盖了食品安全管理、法律法规和标准、食品安全性评价、影响因素、预警与溯源等各方面内容，在理论层面全面、系统地介绍了食品安全相关知识，对于我省的食品安全综合防控工作有重要参考价值。我省共有2500多万人口，而其中农村人口占到全省人口的64%以上，做好我省的食品安全综合防控工作，必须首先加强食品企业和公众尤其是广大农村人口的科普宣传，提高企业自律和公众食品安全素养，同时做好食品安全风险监测工作，控制潜在风险。这本书中的相关内容是这方面很好的素材，也为从事食品安全工作专业人员深入了解本专业相关内容起到提纲挈领的作用。

要做好食品安全综合防控工作，就是需要我们食品安全战线上的各级干部和专业技术人员在做好现有工作基础上，同心携手，集思广益，不断丰富食品安全综合防控的内涵，不断创新食品安全综合防控的方式。希望通过我们的不懈努力，为促进我省的食品安全综合防控工作做出积极贡献！

王晓明

2015年7月24日

目 录

第一章 食品安全概述

第一节 食品安全基本概念

一、食品

《中华人民共和国食品安全法》第九十九条对“食品”的定义为：食品是指各种供人食用或者饮用的成品和原料，以及按照传统既是食品又是药品的物品，但是不包括以治疗为目的的物品。我国《食品工业基本术语》对“食品”的定义为：可供人类食用或饮用的物质，包括加工食品、半成品和未加工食品，不包括烟草或只做药品用的物质。通俗来讲，食品是除药品外，通过人口摄入，供人充饥和止渴的物料的统称。从来源看，食品既包括农业生产供人食用的农产品（如粮食、蔬菜、水果、肉、奶、蛋、鱼等），也包括食品工业生产的产品（如罐头、饼干、面包、奶粉、火腿肠、方便面、酱油、食醋、啤酒等），还包括公共食堂、餐馆、饭店所制作的饭菜。从基本功能来看，食品既包括供人充饥的物质（通常所说的食品），也包括供人饮用的物质（通常所说的饮料），还包括调味物质（通常所说的调味品）。此外，还包括某些嗜好品，如口香糖、白酒、茶叶、咖啡等。

至今，我国对食品的分类没有统一的标准，国家卫生和计划生育委员会发布的《食品添加剂使用卫生标准》（GB 2760—2014）附录中将食品分为16大类。国家质检总局《食品质量安全市场准入制度》（QS认证）将食品分为28大类。依据不同的目的和用途，类别划分标准有所不同，例如，可以将食品的来源和生产方式、加工程度和食用方便性、原料和加工工艺、功能特性和营养特点、包装等作为分类依据，对食品类别进行划分（表1-1）。

表1-1 食品的类别划分

分类依据	分类内容
来源和生产方式	植物性食品、动物性食品、矿物性食品、微生物性食品和配方食品、新资源食品、农产品、畜产品、水产品、林产品、加工食品
加工程度和食用方便性	自然食品、初加工食品、深加工食品、方便食品、生鲜食品等
原料和加工工艺	粮食加工品、食用油、油脂及其制品、调味品、肉制品、乳制品、饮料、方便食品、饼干、罐头、冷冻饮品、冷冻食品、薯类和膨化食品、糖果制品(含巧克力及制品)、茶叶及相关制品、酒类、蔬菜制品、水果制品、炒货食品及坚果制品、蛋制品、可可及焙烤咖啡产品、食糖、水产制品、淀粉及淀粉制品、糕点、豆制品、蜂产品、特殊膳食食品、其他食品
功能特性和营养特点	嗜好性食品、营养性食品、保健食品、特殊膳食用食品、休闲食品、婴幼儿食品、淀粉食品、蛋白食品、脂肪食品、果蔬类等
包装情况	预包装食品、包装食品、散装食品等
认证情况	无公害农产品、绿色食品、有机食品、地理标志产品等

二、食品安全

食品安全是指食品中不含有可能损害或威胁人体健康的有毒、有害物质或因素，从而导致消费者急性或慢性毒性损害或感染性疾病，或产生危及消费者及其后代健康的隐患（WHO，1996）。食品安全的概念在国际上正式提出至今已近40年，随着科技的进步和人类社会的不断发展，食品安全问题的内容也不断变化，食品安全的内涵及概念也在不断演变。先后经历了从食品数量安全、食品营养安全到食品卫生安全的变化，发展至今，理论和实践所关注的食品安全更加侧重食品质量安全。食品数量安全、食品营养安全、食品卫生安全的产生背景和相应阶段的食品安全定义如表1-2所示。

为了有效地遏制食品污染、假冒伪劣等对人体健康、经济及社会稳定的影响，2000年以后，世界各国开始从食品质量的角度关注食品安全问题。我国于2002年开始实施《食品质量安全（QS）认证制度》。关于食品质量安全目前有如下两类表述：其一，农产食品质量安全，是指“农产食品中含有的可能损害或潜在损害人体健康的农药兽药残留、重金属、致病菌等有毒有害物质或因素应符合有关的法律法规和强制性标准，在合理食用方式或正常食用量的情况下，不会对消费者的身体健康和生命安全造成危害或潜在的危害”。其二，食品质量安全，

表1-2　食品安全概念的演变及背景

概念	背景	时间	提出	定义
食品数量安全	世界性粮食危机	1974	FAO[1]	保证任何人在任何时候都能够得到为了生存和健康所需要的足够食品
	世界性粮食危机基本解决，一些发展中国家面临外汇短缺和购买力不足	1983	FAO	确保所有人在任何时间既能买得到又能买得起所需要的基本食品
食品营养安全	世界粮食危机基本解决，但世界食品构成均不合理，发展中国家食品结构营养不足，发达国家食品结构营养过剩	1996	FAO	每个人在任何时候都能得到安全富有营养的食物，以维持健康而有活力的生活，且不损及自然资源的生产能力、生态系统的完整性以及环境的品质
食品卫生安全	农药残留、食品添加剂滥用、有害微生物污染、食源性疾病、掺杂制假及环境污染对人体造成了严重危害，并威胁到了经济和社会的安定与发展	1984	WHO[2]	生产、加工、储存、分配和制作食品过程中确保食品安全、可靠、有益于健康并且适合人消费的种种必要条件和措施
		1996	WHO	对食品按其原定用途进行制作和（或）食用时不会使消费者的健康受到损害的一种担保
		2000	WHO	食品中有毒有害物质影响人体健康的公共卫生问题

注：1. 联合国粮食与农业组织；2. 世界卫生组织。

是指“食品质量状况对食用者健康、安全的保证程度”。《中华人民共和国食品安全法》中界定的食品安全是指“食品无毒、无害，符合应当有的营养要求，对人体健康不造成任何急性、亚急性或者慢性危害”。本书在写作的过程中，采用了这一定义。

食品没有绝对安全，只有相对安全。绝对安全是指确保不可能因食用某种食品而危及健康或造成伤害的一种承诺，也就是食品应绝对没有风险。除了加工过程中带来的食品安全问题外，一些食物中含有天然毒素，尽管微量，现代分析可以检验出来，如蔬菜中含有氢氰酸（HCN）；食用者自身的问题，食用过多或食用条件不当会损害健康，如饮酒过量会损害健康，鱼肉中有刺，食用海鲜过敏等。因此，食品安全性是一个相对的概念，可定义为：一种食物或成分在合理饮食方式和正常食量的情况下不会导致对健康损害的实际确定性。所以食品是否安全，除了有效控制食品有害物质或有毒物质含量外，还要取决于食品制作、饮食方式的合理性、适当使用数量以及食用者自身的一些内在条件。

第二节　食品安全现状及发展趋势

食品是人类赖以生存和发展的基本物质。是人们生活中最基本的必需品。随着经济的迅速发展和人们生活水平的不断提高，食品产业获得了空前的发展。各种新型食品层出不穷，食品产业已经在国家众多产业中占支柱地位。在食品的三要素中（安全、营养、食欲），安全是消费者选择食品的首要标准。近几年来，在世界范围内不断出现食品安全事件，如英国疯牛病和口蹄疫事件，比利时二噁英事件，国内的苏丹红、吊白块、毒米、毒油、孔雀石绿、瘦肉精、三聚氰胺等事件，使得我国乃至全球的食品安全问题形势十分严峻。日益加剧的环境污染和频繁发生的食品安全事件，对人们的健康和生命造成了巨大的威胁，食品安全问题已成为人们关注的热点问题。

一、我国食品安全现状及发展趋势

与过去相比，我国的食品卫生安全状况有了显著改善。但长期以来，我国的食品供应体系主要是围绕解决食品供给量问题而建立起来的，对于食品安全的关注程度不够。食品行业在原料供给、生产环境、加工、包装及销售等环节的安全管理都存在着严重的不适应性，由致病微生物和其他有毒、有害因素引起的食物中毒和食源性疾病仍然对我国的食品安全构成显著的威胁。

我国食品安全的主要问题具体表现在如下几个方面：

（一）微生物污染是影响我国食品安全的最主要因素

微生物污染包括细菌性污染、病毒和真菌及其毒素的污染、各种病原体等有害生物的污染。据世界卫生组织估计，全世界每年有数以亿计的食源性疾病患者，其中70%是由各种致病性微生物污染的食品和饮用水引起的。我国1990—1999年十年间食物中毒发生的情况表明，微生物性食物中毒居各类食物中毒病原的首位，占食物中毒总数的40%。

（二）种植业和养殖业的源头污染越来越严重

化肥、农药、兽药、饲料等各种投入品滥用（或使用不当）是当前一段时期最突出的食品安全问题。化肥和农药的滥用造成土壤和水等自然环境的污染，进而导致植物性食品的安全受到威胁；兽药的滥用以及饲料的质量和安全问题则直接威胁到动物性食品的安全。

（三）环境污染对食品安全的影响越来越严重

工业“三废”中含有许多有毒有害的化学物质。由于工业“三废”和城市垃圾的不合理堆放，使水、土壤和空气等自然环境受到污染，动物和植物长期生活在这种环境中，这些有毒有害物质就会在动植物体内蓄积，最终成为被污染的食品。而这些有毒有害物质的化学结构和性质经动植物的转化变得更为复杂，通过食物链的作用，对人类造成了更为严重的威胁。

（四）食品加工过程造成食品污染

食品加工过程更是造成食品污染，引起食品质量安全同题的重要环节。一方面，目前我国食品加工类企业绝大多数规模偏小，基本属于家庭作坊式的厂点，根本不具备生产合格产品的人员、技术、工艺、设备、厂房和环境等基本条件。另一方面，受利益的驱使，假冒伪劣食品屡禁不止。在加工过程中，掺杂使假，以假充真，以非食品原料、发霉变质原料加工食品，不按标准生产，滥用食品添加剂和食品加工助剂。以化工原科代替食品添加剂和食品加工助剂，使用有毒有害的材料做加工器具、设备、包装材料或容器等各种违法行为都严重威胁着我国的食品质量安全。

（五）新技术、新产品给食品安全带来了潜在威胁

近年来，我国新的食品类产品及新的食品原辅材料大量出现和应用，很多没有经过严格的危险性评估。如一些新型食品添加剂和加工助剂、新的包装材料、新的防霉保鲜剂等。还有一些作为保健食品原料的传统药用成分，如芦荟苷、银杏酸、葛根素、甘草酸、姜黄素等并未经过系统的毒理学评估，作为保健食品长期和广泛食用，其安全性值得关注。另外像转基因技术的应用，虽然给食品行业的发展带来了较好的机遇，但转基因食品的安全性仍不确定。

（六）动物防疫检疫体系不健全，使动物性食品的安全难以得到保证

我国地域辽阔，动物品种繁多，畜牧业生产较为分散，集约化程度不高，难以进行防疫管理，加之防疫机构不健全、手段落后、检验设备不完善，畜牧业疫病时有发生，同时新的疫病，如禽流感等也不断出现。动物疫病使得染病的动物体内含有一定的病菌和毒素，对畜禽产品的质量安全造成影响，从而给消费者带来安全隐患。更令人担忧的是，人畜共患疫病的存在和发生将直接威胁人的身体健康和生命安全。

（七）食品安全监控与发达国家差距较大

我国食品安全“从农田到餐桌”的全过程，在“各司其职”的监管模式下涉

及食品安全管理职能的，有工业和信息化部、公安部、农业部、商务部、卫生部、国家工商总局、国家质量监督检验检疫总局、国家食品药品监督管理总局等17个部门。我国食品安全监管一直是多段监管，其中初级农产品生产环节的监管由农业部门负责，食品生产加工环节的质量监督和日常卫生监管由质检部门负责，食品流通环节的监管由工商部门负责，餐饮业和食堂等消费环节的监管由卫生部门负责，食品安全的综合监督、组织协调和依法组织查处重大事故由食品药品监管部门负责，进出口农产品和食品监管由质检部门负责。这使得食品安全监管部门出现“多龙治水”的现象。

随着食品工业的快速发展，我国食品安全的基础工作也得到了一定的增强，食品安全水平也不断提高。

首先，是食品标准化工作正在不断完善，目前已基本形成了由国家标准、行业标准、地方标准、企业标准构成的食品标准化体系。我国加入世界贸易组织（WTO）以后，为了提高标准的水平，与国际标准接轨，国家质量监督检验检疫总局、国家标准化管理委员会和卫生部对涉及食品安全的原484项食品卫生国家标准进行全面清理，将对农药残留、食品添加剂、重金属、生物毒素等限量指标进行制订和修订。

其次，是食品质量安全检验检测体系逐步健全，目前已初步形成了一个比较完备的食品质量安全检验网络，其中包括国家级食品检验中心，省、地市及县级食品检验机构，以及有关行业部门设置的食品检验机构。未来仍需建立全面的、连续的食源性疾病，食品污染和食品有害物质的监测资料和覆盖全国范围的监测网络体系；建立食品安全预警数据分析体系和预警机制，实现食品安全问题早发现、早预警和早控制；加入国际食品安全监测网络，为我国食品安全监测体系的建立和食品安全预警提供帮助；建立一批与国际接轨、经过科学认证的食品安全检测机构，研究开发高灵敏性、高准确性、高通量、快速或现场检测新技术，以及具有自主知识产权的食品安全快速检测仪器设备；强化我国基层食品检验机构在仪器设备、检测能力、检测人员素质等方面的建设。

再次，是食品生产加工企业的技术、工艺设备以及质量管理水平取得较大提高。目前有些行业或企业的生产技术和管理水平已基本与国际接轨，已有上万家食品企业通过了ISO 9000或HACCP质量体系认证，有众多的食品企业在向发达国家或地区出口各类食品，还有国际著名品牌的食品集团在国内独资或合资设立食品生产企业，这都为提升我国食品质量安全整体水平发挥了积极的带动作用。未来仍需鼓励和引导在食品生产企业实施GMP和HACCP，确保食品安全。

最后，是党的十八届二中全会在机构改革中对于食品安全监管的机构、职责进行了进一步整合和调整。国务院食品安全委员会办公室与国家食品药品监督管理局合并，并吸纳散落在农业、质量监督、检验检疫、工商、商务、卫生等部门的食品药品安全监管职能，成立正部级的国家食品药品安全监督管理总局。也就是说，今后，食品从进入市场到端上餐桌，食品安全问题都将由新组建的食品药品安全监督管理局监管。食品安全实现了“一件事情由一个部门监管”，即变“多龙治水”为“一龙治水”，食品安全监管乏力现象将从根本上得到扭转，食品安全也会得到极大保障。

二、国外食品安全现状及发展趋势

近年来，国际上食品安全恶性事件频频发生，造成了巨大的经济损失，食品安全状况不容乐观。

食源性疾病的暴发呈急剧增加趋势，不发达国家每年约有220万人死于食源性疾病，一些发达国家，每年也至少有30%的人口感染食源性疾病。2011年5月30日，在德国因食用有毒黄瓜感染出血性大肠杆菌，造成50人死亡。此外，包括瑞典、丹麦、英国和荷兰在内的多个国家均出现感染病例，欧洲一时陷入恐慌……“毒黄瓜”事件从最初的豆芽追溯到最后，确定是葫芦巴种子。

1986年，英国第一次出现疯牛病，自此，疯牛病便恶作剧般地在整个英国蔓延开来。1992年，疯牛病像瘟疫般在英国流传，至1997年年初，英国有37万头牛染上了疯牛病，16.5万头牛因病死亡。仅1996年，英国政府为养牛户支付的赔偿费就达8.5亿英镑。不仅如此，不久又发现疯牛病危及到了人类，一些人食用了患有疯牛病的牛肉而患上与疯牛病同症状的病，被称为新克雅氏病（CJD）。CJD患者大脑组织充满细小的空洞，因而该病又被称为海绵状脑病。此病可导致大脑损害，人变得痴呆、震颤并最后因大脑破坏严重而死亡。这一事件迫使欧盟决定，禁止英国向欧盟和其他国家出口活牛、牛肉及牛制品。要求英国将30个月以上的肉牛全部杀掉并安全销毁。这一举措又使英国每年损失40亿英镑。在短短的几年时间里，疯牛病使英国的牛畜产业再三衰竭。时至今日，疯牛病事件依然余波未平。

2011年美国单核细胞增生（单增）李斯特菌引起的食源性疾病，致30人死亡。从2011年7月31日出现首例报告病例至10月6日上午9点，共报告病例109例，经过调查，污染源来自香瓜污染。这是十多年来美国最严重的一起食源性疾病暴发事件。此次暴发涉及美国24个州，科罗拉多州的公共卫生和环境相关部门对零售店和患者家庭中的香瓜进行检测结果发现，香瓜上携带的单增李斯特菌与本次暴发病例标本发现的单增李斯特菌有相同的DNA分子指纹图谱，产品追溯信息也显示这些香瓜来自该农场。

在经济落后地区，食源性疾病也频频发生。2011年12月13—16日，假酒导致印度西孟加拉邦143人死亡，另有100余人住院治疗。我国也发生过饮假酒而导致中毒的事件。

由食品安全问题导致的国际贸易摩擦逐年上升。德国二噁英事件导致韩国、斯洛伐克等国家禁止销售从德国进口的动物产品；日本核泄漏事故导致美国、加拿大、澳大利亚等国家暂停进口部分日本食品；韩国等国家的民众对于进口美国的牛肉有非常严重的抵触情绪；我国基于对瘦肉精的谨慎对待，对美国猪肉、牛肉的进口也同样非常谨慎。

国际上，食品安全呈以下发展趋势。

（一）食品安全监管体制的统一化

食品安全涉及种植、养殖、生产、加工、储存、运输、销售、消费等社会化大生产的诸多环节。实施“从农田到餐桌”的全程监管和质量控制，需要研究从农田到餐桌全过程中危害识别的关键技术，提高危害识别能力；研究食品从生产到消费过程危害物的形成机理和控制机制，优化工艺和关键技术解决过程污染问题。德国的“毒黄瓜”事件，从豆芽菜追溯到葫芦巴种子，从发生国追到另一个国家埃及。说明它的产业链条、可追溯系统很完善。这是值得我们学习的地方。发达国家食品生产企业广泛实施“良好生产规范（GMP）”和“危害分析和关键控制点（HACCP）”。

近年来，为提高食品安全监管的效率。许多国家对传统的食品安全监管体制进行了改革。改革大体上通过两种方式进行：一是将过去分散的管理部门予以统一，如澳大利亚与新西兰组建了澳大利亚新西兰食品标准局，将食品安全标准的分散部门制定改革为统一部门制定，统一规划、统一制定，保证了食品安全标准的统一与权威；二是对传统分散的管理部门予以适当协调。目前，食品安全监管要素的统一主要表现在三个层面的统一：①决策层面的统一，包括法律、标准、政策和规划的统一等；②执行层面的统一；③监督层面的统一。在不同的国家中，统一的层面存在差异，有的是一个层面的统一，有的是两个或者是三个层面的统一。无论是哪个层面的统一，都是为了避免多头监管、重复监管，提高监管效能。

（二）食品安全保证规则的法律化

近年来，在食品安全监管体制逐步统一化的进程中，各国政府逐步开始统一食品安全的各项保障规则，其显著标志就是食品安全法律和标准的法典化。法典化的根本目标在于基于共同的原则形成体系完整、价值和谐的科学体系，从而避免因制定机关过滥、制定层次过多，而增加治理成本、降低治理效能。

2011年1月，美国国会通过了美国《食品安全现代化法案》，食品安全管理体系从“食品安全反应机制”转变为“食品安全预防机制”。我国在此方面未来要做的工作非常多，因为我们这方面的积累几乎为零。

总体看来，许多国家已逐步将过去分散的食品安全法律规范予以编撰形成覆盖食品生产经营全过程制定的《食品安全法》《食品标准法》，如日本制定了《食品安全基本法》《食品卫生法》等。在标准方面，许多国家逐步在统一规则下构建食品安全的基础标准、管理标准、方法标准和产品标准等标准体系，如英国、澳大利亚等国家组建了独立的食品标准局，具体负责食品安全标准的制定等工作。此外，许多国家将食品安全标准列入食品安全法律中，称之为食品安全技术法规，具有强制性。

（三）食品安全技术服务机构的社会化

食品安全技术服务机构是指由专业技术人员依靠自己的专业知识或技能对受托的食品特定事项进行检测、检验、鉴定、评价等并出具相应意见的专业技术支撑机构。其包括食品安全检测机构、食品安全检验机构、食品安全评价机构等。在食品安全技术服务机构的认识上，国际社会经历了若干转变：一是在基本属性的定位上，经历了从行政权力到技术服务的转变；二是在服务对象的把握上，经历了从权力服务到社会服务的转变；三是在资源价值的发挥上，经历了从封闭所有到开放利用的转变。

（四）建立健全完善的食品安全信息系统

美国形成了以联邦政府信息披露为主、地方各州政府信息披露为辅，分工明确、全方位的食品安全信息披露主体。我国的这个主体在现阶段几乎没有发挥太大作用，大部分的食品安全事件都是媒体先揭露出来的，所以目前亟待建立全面的信息采集、科学的风险分析以及综合的信息反馈系统；建立独立的、权威的食品安全风险评估机构、完善的法律法规，对信息披露进行规范，而不是任何个人都可以随意发布食品安全信息。

第二章　食品安全的影响因素

第一节　生物性污染与控制措施

生物性污染是指微生物、寄生虫和昆虫等对食品的污染，其中微生物污染危害较大，微生物广泛分布于自然界，食品中不可避免地会受到一定类型和数量的微生物的污染，当环境条件适宜时，它们就会迅速生长繁殖，造成食品的腐败与变质，不仅降低了食品的营养和卫生质量，而且还可能危害人体的健康。

一、细菌对食品的污染与控制措施

细菌有许多种类，有些细菌如变形杆菌、黄色杆菌、肠杆菌等，可以直接污染食品，也能通过工具、容器、洗涤水等途径污染食品，使食品腐败变质。

（一）食品腐败变质的概念

食品的腐败变质，一般是指食品在一定的环境因素影响下，由微生物为主的多种因素作用下所发生的食品失去或降低食用价值的一切变化，包括食品成分和感官性质的各种变化。如鱼肉的腐臭、油脂的酸败、水果蔬菜的腐烂和粮食的霉变等。

食品的腐败变质是食品卫生和安全中经常且普遍遇到的实际问题，因此我们必须掌握食品腐败变质的规律，以便采取有效的控制措施。

（二）影响食品腐败变质的因素

食品腐败变质与食品本身的性质、微生物的种类和数量以及当时所处的环境因素都有着密切的关系，它们综合作用的结果决定着食品是否发生变质及变质的程度。

1.微生物作用

能引起食品发生变质的微生物主要有细菌、酵母和霉菌。细菌一般生长于潮湿的环境中，并都具有分解蛋白质的能力，从而使食品腐败变质。酵母一般喜欢生活在含糖量较高或含一定盐分的食品上，可使糖浆、蜂蜜和蜜饯等食品腐败变质。霉菌生长所需要的水分活度较细菌低，因此，水分活度较低的食品中霉菌比细菌更易引起食品腐败变质。

2.环境因素

微生物在适宜的环境（如温度、湿度、阳光和水分等）条件下，会迅速生长繁殖，使食品发生腐败变质。食品在温度和湿度较高的环境中存放，可加速微生物的生长繁殖。温度为25～40℃、相对湿度超过70%，是大多数嗜热微生物生长繁殖最适宜的条件。紫外线、氧的作用可促进油脂氧化和酸败。空气中的氧气可促进需氧性腐败菌的生长繁殖，从而加速食品的腐败变质。

3.自身因素

动植物食品都含有蛋白质、脂肪、碳水化合物、维生素和矿物质等营养成分，蛋白质以腐败为主，特征为蛋白质腐败、糖类酵母和细菌产酸发酵、油脂理化因素酸败等；另外，食品还具有一定的水分、一定的酸性及分解各种成分的酶等，这些都是微生物在食品中生长繁殖并引起食品腐败变质的先决条件。

（三）食品腐败变质的常见类型

1.变黏

腐败变质食品变黏主要是由细菌生长代谢形成的多糖所致，常发生在以碳水化合物为主的食品中。

2.变酸

食品变酸常发生在碳水化合物为主的食品和乳制品中，食品变酸主要是由酸败菌生长代谢产酸所致。

3.变臭

食品变臭主要是由细菌分解以蛋白质为主的食品而产生有机胺、氨气、三甲胺、甲硫醇和粪臭素（3-甲基吲哚）等所致。

4.发霉和变色

食品发霉主要发生在以碳水化合物为主的食品中，细菌可使以蛋白质为主的食品和碳水化合物为主的食品色变。

5.变浊

变浊发生在液体食品中。食品变浊是一种复杂的变质现象，发生于各类液体食品中。

6.变软

变软主要发生于水果蔬菜及其制品中。变软的原因是水果蔬菜内的果胶质等物质分解。

（四）防止食品腐败变质的控制措施

食品的腐败变质不仅使其营养价值降低，还会使人对其产生厌恶感，甚至引起中毒等危害。因此，防止食品腐败变质，对保证食品的安全和质量具有十分重要的意义。常用以下保藏食品的方法来防止食品腐败变质。

1.低温保藏法

降低食品温度，可以有效地抑制微生物的生长和繁殖，降低酶的活性和食品内化学反应的速度，有利于保证食品质量。低温保藏是一种最常用的食品保藏方法。使用-32℃或更低温度的快速冷冻方法在食品保藏上被认为是最为理想的。在这种情况下，水分形成均一细小的冰晶体，食品的细胞结构损害程度降到最小。

2.加热杀菌法

加热杀菌的目的在于杀灭微生物，破坏食品中的酶类，可以明显地防止食品的腐败变质，延长保质期。大部分微生物营养细胞在60℃停留30min便死亡。

3.物理保藏法

物理保藏常用的方法有：

（1）干藏。为了达到保藏的目的，通过用物理方法去除食品中水分含量，使其降至一定限度以下，使微生物不能生长，同时酶的活性也受到限制，从而防止食品的腐败变质。

（2）腌渍保藏。微生物在含有大量可溶性物质如糖或盐的溶液里，将失去水分，细胞发生质壁分离，代谢停止。用增加渗透压的方法可得到抗微生物的条件，借脱水作用可抑制微生物生长。高渗透压可以抑制微生物生长，但不可能完全杀死微生物。

4.化学保藏法

（1）为了保藏的目的而加入食品添加剂，但必须符合食品添加剂的有关规定。如面包中加入山梨酸和丙酸用来抑制霉菌生长；加入硝酸盐和亚硝酸盐来腌肉，主要用来保持肉的颜色，但其也是某些厌氧细菌的抑制剂。

（2）发酵保藏。另外还可用化学方法使食品的pH降至4.5以下，这时除少数酵母菌、霉菌和乳酸菌属细菌等耐酸菌外，大部分致病菌可被抑制或杀死。这种方法多用来保存蔬菜。

5.辐照食品保藏法

辐照食品保藏是继冷冻、腌渍、脱水等传统保藏方法之后发展起来的新方法。辐射源多用钴（^{60}Co）、铯（^{137}Cs）等放射性同位素放出的γ射线直接辐射食品。辐照食品所用射线单位为戈瑞（Gy），相当于被辐照物1kg吸收1J的能量。辐照保藏有三种方法：辐照灭菌、辐照消毒、辐照防腐。

除以上防止食品腐败变质的方法外，对不含病毒但含有其他微生物的液体食品也可以采用过滤除菌的方法除去微生物，从而达到消除微生物污染，防止食品腐败变质的目的。

二、霉菌对食品的污染及预防

自然界中的霉菌分布非常广泛，对各类食品污染的机会很多，可以说所有食品上都可能有霉菌生存。如在粮食加工及制作成品的过程中，在油料作物的种子、水果、干果、肉类制品、乳制品、发酵食品等中均发现过霉菌毒素。

（一）霉菌与霉菌毒素的污染

霉菌及霉菌毒素污染食品后，引起的危害主要有两个方面：一是霉菌引起的食品变质，降低了食品的食用价值，甚至不能食用。每年全世界平均至少有2%的粮食因为霉变而不能食用。二是霉菌如在食品或饲料中产生毒素，可引起人畜霉菌毒素中毒。其中由霉菌毒素引起的中毒是影响食品安全的重要因素。

霉菌毒素的中毒系指霉菌毒素引起的对人体健康的各种损害。目前已知的霉菌毒素有200多种。与食品卫生关系密切的有黄曲霉毒素、镰刀菌毒素、赭曲霉毒素、杂色曲霉素、烟曲霉震颤素、单端孢霉烯族化合物、玉米赤霉烯酮、伏马菌素以及展青霉素、橘青霉素、黄绿青霉素等。其中最为重要的是黄曲霉毒素和镰刀菌毒素。

1.黄曲霉毒素

（1）性质

黄曲霉毒素是一类结构类似的化合物，目前已经分离鉴定出20多种，主要为AFB和AFT两大类。AFT耐热，一般的烹调加工很难将其破坏，在280℃时才发生裂解，毒性破坏。AFT在中性和酸性环境中稳定，在pH 9～10的氢氧化钠强碱性环境中能迅速分解，形成香豆素钠盐。AFT能溶于氯仿和甲烷，而不溶于水、正己烷、石油醚及乙醚。现国内检测AFB采用薄层层析法。

（2）产毒的条件

黄曲霉产毒的必要条件是湿度为80%～90%，温度为25～30℃，氧气含量为1%。此外，天然基质培养基（玉米、大米和花生粉）比人工合成培养基产毒量高。

（3）对食品的污染

温暖潮湿地区黄曲霉毒素污染较为严重。一般来说，我国长江以南地区黄曲霉毒素污染要比北方地区严重，主要污染的粮食作物为花生和玉米，大米、小麦污染较轻，豆类很少受到污染。而在世界范围内，一般高温高湿地区（热带和亚热带地区）食品污染较重，而且也是花生和玉米污染较严重。

（4）毒性

黄曲霉毒素有很强的急性毒性，也有明显的慢性毒性和致癌性。

①急性毒性。黄曲霉毒素为剧毒物，其毒性为氰化钾的10倍。一次大量口服后，可出现急性毒性症状，表现为肝实质细胞坏死、胆管上皮增生、肝脏脂肪

浸润、脂质消失延迟、肝脏出血等。

②慢性毒性。长期小剂量摄入AFT可造成慢性损害，从实际意义出发，它比急性中毒更为严重。主要表现在动物生长障碍，肝脏出现亚急性或慢性损伤，食物利用率下降，体重减轻，生长发育迟缓，雌性不育或产仔少。

③致癌性。AFT可诱发多种动物发生癌症。从肝癌流行病学研究发现，凡食物中黄曲霉毒素污染严重和人类实际摄入量比较高的地区，原发性肝癌发病率高。

2.镰刀菌毒素

镰刀菌毒素种类较多，从食品卫生角度（可能与食品有关）来看，主要有单端孢霉烯族化合物、玉米赤霉烯酮、丁烯酸内酯、伏马菌素等毒素。

（1）单端孢霉烯族化合物，是一组主要由镰刀菌的某些菌种所产生的生物活性和化学结构相似的有毒代谢产物。其化学性能非常稳定，一般能溶于中等极性的有机溶剂，微溶于水。在烹调过程中不宜被破坏，具有较强的细胞毒性、免疫抑制和致畸作用，有的有弱致癌性。急性毒性也强，可使人和动物产生呕吐。

（2）玉米赤霉烯酮，主要由禾谷镰刀菌、黄色镰刀菌、木贼镰刀菌等产生，是一类结构相似具有二羟基苯酸内酯类化合物，主要作用于生殖系统，具有类雌激素作用。玉米赤霉烯酮主要污染玉米，也可污染小麦、大麦、燕麦和大米等粮食作物。

（3）伏马菌素（FB），是最近受到发达国家极大关注的一种霉菌毒素。由串珠镰刀菌产生，是一类不同的多氢醇和丙三羧酸的双酯化合物。从伏马菌素中分离出两种结构相似的有毒物质，分别被命名为伏马菌素1（FB_1）和伏马菌素2（FB_2）。食物中以FB_1为主，主要污染玉米及玉米制品，为水溶性霉菌毒素，对热稳定，不易被蒸煮破坏。可引起马的脑白质软化症、羊的肾病变、狒狒心脏血栓、猪的肺水肿，抑制鸡的免疫系统，还可以引起动物实验性的肝癌，可以确定是一种致癌剂。

（二）霉菌的预防

在自然界中食物要完全避免霉菌污染是比较困难的，但要保证食品安全，就必须将食物中霉菌毒素的含量控制在允许的范围内，主要做法从以下两方面入手：一方面，需要减少谷物和饲料在田野、收获前后、贮藏运输和加工过程中霉菌的污染和毒素的产生；另一方面，需要在食用前和食用时去除毒素或不吃霉烂变质的谷物和毒素含量超过标准的食物。目前国内外采取的预防和去除霉菌毒素污染的重要措施有以下几种：

（1）利用合理耕作、灌溉和施肥、适时收获来降低霉菌的侵染和毒素的产生。

（2）采取减少粮食及饲料的水分含量，降低贮藏温度和改进贮藏、加工方式等措施来减少霉菌毒素的污染。

（3）通过抗性育种，培养抗霉菌的作物品种。

（4）加强污染的检测和检验，严格执行食品卫生标准，禁止出售和进口霉菌毒素超过含量标准的粮食和饲料。

（5）利用碱炼法、活性白陶土和凹凸棒黏土或高岭土吸附法、紫外线照射法、山苍子油熏蒸法和五香酚混合蒸煮法等化学、物理学方法去毒。

以上方法用于去除花生等食品中的黄曲霉毒素，是十分有效的。为了最大限度地抑制霉菌毒素对人类健康和安全的威胁，中国对食品及食品加工制品中黄曲霉毒素的允许残留量制定了相关的标准，规定大米、食用油中黄曲霉毒素允许量标准为10μg/kg，其他粮食、豆类及发酵食品为5μg/kg；婴儿代乳食品不得检出。

第二节　化学性污染及预防

因化学物质对食品造成的污染为食品的化学性污染。目前危害最严重的是化学农药、有害金属、多环芳烃类如苯并（a）芘、N-亚硝基化合物等化学污染物，滥用食品加工工具、食品容器、食品添加剂、植物生长促进剂等，也是引起食品化学污染的重要因素。

一、农药与兽药的污染及预防

（一）基本概念

1.农药

农药是指用于预防、消灭或者控制危害农业、林业的病、虫、草和其他有害生物的物质。按化学成分可分为有机氯类、有机磷类、有机氮类、有机汞类、有机硫、有机砷、氨基甲酸酯及抗谷素制剂等。按用途可分为杀虫剂、杀菌剂、除草剂、粮食熏蒸剂、植物生长调节剂等。

2.农药残留

农药残留是指农药使用后在农作物、土壤、水体、食品中残存的农药母体、衍生物、代谢物、溶解物等的总称。

3.兽药

兽药是指用于预防、治疗、诊断动物疾病或者有目的地调节动物生理机能的物质（含药物饲料添加剂），主要包括血清制品、疫苗、诊断制品、微生态制品、中药材、中成药、化学药品、抗生素、生化药品、放射性药品及外用杀虫剂、消毒剂等。

4.兽药残留

兽药残留是指动物产品的任何可食部分所含兽药的母体化合物及（或）其代谢物，以及与兽药有关的杂质。所以兽药残留既包括原药，也包括药物在动物体内的代谢产物和兽药生产中所伴生的有害杂质。

（二）农药污染及预防

农药是防治植物病虫害、去除杂草、调节农作物生长、实现农业机械化和提高家畜产品产量和质量的主要物质。全世界的化学农药品种有1400多种。农药残留状况除了与农药的品种及化学性质有关外，还与施药的浓度、剂量、次数、时间以及气象条件等因素有关。农药残留性越大，在食品中残留量也越大，对人体的危害也越大。

1.农药对食品的污染途径

（1）施用农药对农作物的直接污染。农药一般喷洒在农作物表面，首先在蔬菜、水果等农产品表面残留，随后通过根、茎、叶被农作物吸收并在体内代谢后残留于农作物组织内。

（2）农作物从污染的环境中吸收农药。由于施用农药和工业“三废”的污染，大量农药进入空气、水和土壤，成为环境污染物。例如粮库、食品库使用氧化苦等农药熏蒸，可使食物残留农药；农药厂废水未处理随便排放，可污染农作物及水产品；禽、畜产品中的农药可来自饲料和畜舍的杀虫剂；许多农作物能从污染的环境中吸收农药；食物在包装、运输中遭受的农药污染等。

（3）通过食物链污染食品。通过食物链污染是农药对某些食物污染的一种方式。如饲料污染农药而致肉、乳、蛋的污染；含农药的工业废水污染江、河、湖、海，进而污染水产品等。具有蓄积性的农药都会以这种方式污染食物，造成食品中残留农药增高。

2.预防农药污染的措施

（1）加强农药的生产经营和管理，发展高效、低毒、低残留农药，限制或停止使用高毒、长残留农药。严格禁止对茶叶、烟叶、蔬菜、瓜果等使用高残留农药，严禁使用DDT、六六六等早已禁用的农药。

（2）合理使用农药。喷洒农药应遵守安全间隔期，如防治果树虫害，必须在收获前30d使用；防柑橘害虫采用喷雾法时，必须在收果前2个月使用；喷过农药的农田，要树立标志，7d内禁止放牧、割草。禁止食用因剧毒农药致死的各种畜禽。

（3）限制农药在食品中的残留量，执行食品中农药残留允许量标准，并加强食品卫生监测。要加强农药的安全运输和保管工作，农药不得与粮食、蔬菜、水果、饲料混放、防止误食误用；被农药污染的工具和包装容器等应及时清理。

（4）制定适合我国国情的农药政策。

（三）兽药的残留及预防

1.兽药残留的因素

兽药经各种途径进入动物体后，分布到几乎全身各个器官，也可通过泌乳和产蛋过程而残留在乳和蛋中。动物体内的药物可通过各种代谢途径，随排泄物排出体外，因此进入动物体内兽药的量随着时间推移而逐渐减少，经一定时间残留量可在安全标准范围内，此时即可屠宰动物或允许动物产品（奶、蛋）上市，这一段时间就称为休药期。休药期是依据药物在动物体内的消除规律确定的，药物在动物体内的消除规律就是按最大剂量、最长用药周期给药，停药后在不同的时间点屠宰，采集各个组织进行残留量的检测，直至在最后那个时间点采集的所有组织中均检测不出药物为止。

兽药在动物体内的残留量与兽药种类、给药方式、停药时间及器官和组织的种类有很大关系。在一般情况下，对兽药有代谢作用的脏器，如肝脏、肾脏，其兽药残留量较高。另外，动物种类不同，兽药代谢的速率也不同，例如通常所用的药物在鸡体内的半衰期大多在12h以下，多数鸡用药物的休药期为7d。

动物性食品中兽药残留量超标主要有以下几个方面的原因：

（1）对违禁或淘汰药物的使用。把有些不允许使用的药物当作添加剂使用。往往残留量大、残留期长，对人体造成严重危害。

（2）不遵守休药期的有关规定。

（3）滥用药物。由于错用、超量使用兽药，例如把治疗量当作添加量长期使用。

（4）饲料在加工过程中受污染。若将盛过抗菌药物的容器贮藏饲料，或使用盛过药物而没有充分清洗干净的贮藏器，都会造成饲料加工过程中的兽药污染。

（5）用药无记录或方法错误。在用药剂量、给药途径、用药部位和用药动物的种类等方面不符合用药规定，因此造成药物残留在体内；没有用药记录而重复用药等，会造成药物在动物体内大量残留。

（6）屠宰前使用兽药。屠宰前使用兽药来掩饰有病畜禽临床症状，逃避宰前检验，很可能造成肉用动物的兽药残留。

2.兽药残留的预防

（1）建立有效的兽药监督管理和检测体系，近几年来我国对兽药残留有了很大的关注，先后出台了《饲料药物添加剂使用规范》《兽药管理条例》《兽药标签和说明书管理办法》《兽药经营质量管理规范》等。

（2）严格遵守兽药使用准则，科学安全地用药，要针对畜禽疫病发生的种类和情况，合理用药，在用药剂量、给药途径、用药部位和用药动物的种类等方面严格按照用药规定，禁止滥用抗生素和激素类药物。

（3）严格规定休药期，制定动物性食品药物的最高残留限量（MRL）。为保证给予动物内服或注射药物在动物组织中残留浓度能降至安全范围，必须严格规定药物休药期，并制定MRL。

（4）严禁违禁药物用作饲料添加剂，谨慎使用抗生素。努力改善饲养管理、卫生状况，严格遵守饲料添加剂的相关规定，并最大限度地减少抗生素的用量。

二、重金属污染及控制措施

重金属污染主要来源于工业“三废”。对人体有害的重金属主要有汞、镉、砷、铅、铬，这些有害的重金属大多是在矿山开采、工厂加工生产过程中，通过废气、残渣等污染土壤、空气和水。土壤、空气中的有害金属由作物吸收直接蓄积在作物体内；水体中的有害金属则可通过食物链在生物中富集，如鱼吃草或大鱼吃小鱼。用被污染的水灌溉农田，也使土壤中的金属含量增多。环境中的有害金属通过各种渠道都可对食品造成严重污染，进入人体后可在人体中蓄积，引起人体的急性或慢性毒害作用。

（一）重金属污染及其预防

不同的重金属污染，所造成的危害也不同，下面简要介绍几种重金属污染的危害。

1.汞的污染

（1）污染途径。未经净化处理的工业“三废”排放后，造成河川海域等水体和土壤的汞污染。水中的汞多吸附在悬浮的固体微粒上而沉降于水底，使底泥中含汞量比水中高7～25倍，且可转化为甲基汞。环境中的汞通过食物链的富集作用导致食品中的大量残留。

（2）对人体的危害。甲基汞进入人体后分布较广，对人体的影响取决于摄入量的多少。长期食用被汞污染的食品，可引起慢性汞中毒的一系列不可逆的神经系统中毒症状，也能在肝、肾等脏器蓄积并透过人脑屏障在脑组织内蓄积。还可通过胎盘侵入胎儿，使胎儿发生中毒。严重的造成妇女不孕症、流产、死产或使初生婴儿患先天性水俣病，表现为发育不良、智力减退，甚至发生脑麻痹而死亡。

中国国家标准规定，各类食品中汞含量（以汞计，mg/kg）不得超过以下标准：粮食0.02，薯类、果蔬、牛奶0.01，鱼和其他水产品0.3（甲基汞为0.2），肉、蛋（去壳）、油0.05，肉罐头0.1。

2.镉的污染

（1）污染途径。镉也是通过工业“三废”进入环境，例如目前丢弃在环境中的废电池已成为重要的污染源。土壤中的溶解态镉能直接被植物吸收，不同作物对镉的吸收能力不同，一般蔬菜含镉量比谷物籽粒高，且叶菜根菜类高于瓜果类蔬菜。水生生物能从水中富集镉，其体内浓度可比水体含镉量高4500倍左右。据调查，非污染区贝介类含镉量为0.05mg/kg，而在污染区贝介中镉含量可达420mg/kg。动物体内的镉主要经食物、水摄入，且有明显的生物蓄积倾向。

（2）对人体的危害。镉也可以在人体内蓄积，长期摄入含镉量较高的食品，可患严重的“痛痛病”（亦称骨痛痛），症状以疼痛为主，初期腰背疼痛，以后逐渐扩至全身，疼痛性质为刺痛，安静时缓解，活动时加剧。镉对体内Zn、Fe、Mn、Se、Ca的代谢有影响，这些元素的缺乏及不足可增加镉的吸收及加强镉的毒性。

中国国家标准规定，各类食品中镉含量（以镉计，mg/kg）不得超过以下标准：大米0.2，面粉和薯类0.1，杂粮0.05，水果0.03，蔬菜0.05，肉和鱼0.1，蛋0.05。

3.铅的污染

（1）污染途径。铅在自然环境中分布很广，通过排放的工业“三废”使环境中铅含量进一步增加。植物通过根部吸收土壤中溶解状态的铅，农作物含铅量与生长期和部位有关，一般生长期长的含量高于生长期短的，根部含量高于茎叶和籽实的。在食品加工过程中，铅可以通过生产用水、容器、设备、包装等途径进入食品。

（2）对人体的危害。食用被铅污染的食品，可引起神经系统、造血器官和肾脏等发生明显的病变。患者可查出点彩红细胞和牙根的铅线。常见的症状有食欲不振、胃肠炎、口腔金属味、失眠、头痛、头晕、肌肉关节酸痛、腹痛、腹泻或便秘、贫血等。

中国国家标准规定，各类食品中铅最大允许含量（以铅计，mg/kg）为：冷饮食品、蒸馏酒、调味品、罐头、糖果、豆制品等1.0，发酵酒、汽酒、麦乳精、焙烤食品、奶粉、炼乳等0.5，松花蛋3.0，色拉油0.1。

4.砷的污染

（1）污染途径。砷在自然界广泛存在，砷的化合物种类很多，但As_2O_3是剧毒物质。在天然食品中含有微量的砷。化工冶炼、焦化、染料和砷矿开采后的废水、废气、废渣中的含砷物质污染水源、土壤等环境后再间接污染食品。水生生物特别是海洋甲壳纲动物对砷有很强的富集能力，可浓缩高达3300倍。用含砷废水灌溉农田，砷可在植物各部分残留，其残留量与废水中砷浓度成正比。农业上由于广泛使用含砷农药，导致农作物直接吸收和通过土壤吸收的砷量大大增加。

（2）对人体的危害。由于砷污染食品或者受砷废水污染的饮水而引起的急性中毒主要表现为胃肠炎症状、中枢神经系统麻痹、四肢疼痛、意识丧失而死亡。慢性中毒表现为植物性神经衰弱症、皮肤色素沉着、过度角化、多发性神经炎、肢体血管痉挛、坏疽等症状。

中国国家标准规定，各类食品中砷最大允许含量标准为（以砷计，mg/kg）：粮食0.7，果蔬、肉、蛋、淡水鱼、发酵酒、调味品、冷饮食品、豆制品、酱腌菜、焙烤制品、茶叶、糖果、罐头、皮蛋等均为0.5，植物油0.1，色拉油0.2。

5.铬的污染

（1）污染途径。铬广泛地存在于自然界。含有铬的废水和废渣是环境铬污染的主要污染来源，尤其是皮革厂、电镀厂的废水、下脚料含铬量较高。

环境中的铬可以通过水、空气、食物的污染而进入生物体。目前食品中铬污染严重主要是由于用含铬污水灌溉农田。据测定，用污水灌溉的农田土壤及农作物的含铬量随污染年限及污染水的浓度而逐渐增加。作物中的铬大部分在茎叶中。水体中的铬能被生物吸收并在体内蓄积。

（2）对人体的危害。铬是人和动物所必需的一种微量元素，人体中缺铬会影响糖类和脂类的代谢，引起动脉粥样硬化；但过量摄入会导致人体中毒。铬中毒主要由六价铬引起，它比三价铬的毒性大100倍，可以干扰体内多种重要酶的活性，影响物质的氧化还原和水解过程。小剂量的铬可加速淀粉酶的分解，高浓度的铬则可减慢淀粉酶的分解过程。铬能与核蛋白、核酸结合，六价铬可促进维生素C的氧化，破坏维生素C的生理功能。近来研究表明，铬先以六价的形式渗入细胞，然后在细胞内还原为三价铬而构成“终致癌物”，再与细胞内大分子相结合，引起遗传密码的改变，进而引起细胞的突变和癌变。

（二）重金属污染的控制措施

健全法制法规，消除污染源，防治环境污染。建立健全工业“三废”的管理制度。废水、废气、废渣必须按规定处理达标后排放。采用新技术，控制“三废”污染物的产生。对于生活垃圾，要进行分类回收，集中进行无害化处理。只有消除污染源，才能有效控制有害重金属的来源，使其对食品安全的影响减少到最低限度。

加强化肥、农药的管理。化肥特别是磷、钾、硼肥以矿物为原料，其中含有某些有害元素，如磷矿石中，除含五氧化二磷外，还含有砷、铬、镉、铅、氟等。垃圾、污泥、污水用作肥料施入土壤中，其中也含某些有害金属。要合理安全使用化肥和含有害金属的农药，减少农药残留和污染，并制定和完善农药残留限量的标准。

对农业生态环境进行检测和治理，禁止使用有害金属污染的水灌溉农田。

制定各类食品中有毒有害金属的最高允许限量标准，并加强经常性的监督检测工作。

妥善保管有毒有害金属及其化合物，防止误食误用以及人为污染食品。

第三节　食品物理危害及其预防

食品的物理性污染通常是指食品生产加工过程中的杂质超过规定的含量，或食品吸附、吸收外来的放射性核素所引起的食品质量安全问题。其主要来源于复杂的多种非化学性的杂物，虽然有的污染物可能并不威胁消费者的健康，但是严重影响了食品应有的感官性状和营养价值，食品质量得不到保证。

一、食品的杂物污染及其预防

（一）杂物污染来源

1.来自食品产、贮、运、销的污染物，如粮食收割时混入的草籽，液体食品容器池中的杂物，食品运销过程中的灰尘及苍蝇，小麦粉生产过程中混入磁性金属物等。

2.食品的掺假使假，如粮食中掺入的沙石，肉中注入的水，奶粉中掺入大量的糖等。

（二）杂物污染的控制措施

1.加强食品生产、贮存、运输、销售过程的监督管理，执行良好生产规范（GMP）。

2.改进工艺，采用先进的加工工艺设备和检验设备。

3.制定食品卫生标准。

4.打击掺杂使假。

二、食品的放射性污染及其控制措施

食品的放射性污染是指食品吸附或吸收外来的（人为的）放射性核素，使其放射性高于自然本底，称为食品的放射性污染。食品中的放射性物质来自地壳的，称为天然本底；来自核武器试验或和平利用放射能所产生的，称人为的放射性污染。

（一）放射性污染的来源

放射性物质的污染主要是通过水及土壤污染农作物、水产品、饲料等，经过

生物圈进入食品，并且可通过食物链转移。放射性核素对食品的污染有三种途径：

（1）核试验的降沉物的污染。

（2）核电站和核工业废物排放的污染。

（3）意外事故泄漏造成的局部性污染。

（二）食品放射性污染对人体的危害

食品放射性污染对人体的危害主要是摄入污染食品后放射性物质对人体内各种组织、器官和细胞产生的低剂量长期内照射效应。主要表现为对免疫系统、生殖系统的损伤及致癌、致畸、致突变作用。如某些鱼类能富集金属同位素，如^{137}铯和^{90}锶等。后者半衰期较长，多富集于骨组织中，而且不易排出，对机体的造血器官有一定的影响。

（三）食品放射性污染的控制措施

1.对污染源进行经常性卫生监督。

2.严格执行国家卫生标准，使食品中放射性物质的含量控制在允许的范围之内。

3.定期进行食品卫生监测。

第四节　转基因技术对食品安全性的影响

一、概述

（一）基本概念

1.转基因

转基因（genetically modified，GM），是指运用科学手段从某种生物中提取所需要的基因，将其转入另一种生物中，与另一种生物的基因进行重组，从而产生特定的具有变异遗传性状的物质。利用转基因技术可以改变动植物性状，培育新品种。

2.转基因技术

将人工分离和修饰过的基因导入生物体基因组中，由于导入基因的表达，引起生物体性状可遗传的修饰，这一技术称为转基因技术。常用的方法包括显微注射法、基因枪法、电破法、脂质体法等。

3.转基因生物

转基因生物（genetically modified organism，GMO），是指用基因工程方法将有利于人类的外源基因转入受体生物体内，改变其遗传组成，使其获得原先不具备的品质与特性的生物。例如科学家将北极鱼的基因移植到番茄中，使番茄可以抗寒；将人类生物激素基因移植到鲤鱼中，使鲤鱼可以生长得更快更大；将土壤微生物的毒蛋白基因移植到水稻中，使水稻可以抗病虫害。

4.转基因食品

转基因食品（genetically modified foods，GMF），就是利用分子生物学技术，将某些生物的基因转移到其他物种中去，改造生物的遗传物质，使其在性状、营养品质、消费品质方面向人类所需要的目标转变，以转基因生物为直接食品或为原料加工生产的食品就是转基因食品。在美国称为“生物工程食品”，欧洲使用“新型食品”一词。在欧盟新型食品条例中将转基因食品定义为“一种由转基因修饰的生物体生产的或该物质本身的食品”。转基因食品可以是活体的，能够遗传或者复制遗传材料，例如转基因的油菜籽、番茄、大豆等。转基因食品也可以是非活体的，例如大豆油、豆腐等。

（二）转基因食品的种类

转基因食品按照来源及功能可分为四类。

1.转基因植物食品

在转基因食品中数量最多，是由转基因农作物生产、加工而成。例如，面包生产需要高蛋白质含量的小麦，而目前的小麦品种蛋白质含量较低，将高效表达的蛋白基因转入小麦，将会使做成的面包具有更好的焙烤性能。

2.转基因动物食品

由转基因动物生产的肉、蛋、奶等及其加工产品。在猪的基因组中转入人的生长素基因，猪的生长速度增加了1倍，猪肉质量大大提高，现在这样的猪肉已在澳大利亚被请上了餐桌。

3.转基因微生物食品

利用转基因微生物作为生物反应器生产的食品或食品添加剂。

4.转基因特殊食品

科学家利用生物遗传工程，将普通的蔬菜、水果、粮食等农作物变成能预防疾病的神奇的“疫苗食品”。科学家已培育出了一种能预防霍乱的苜蓿植物，用这种苜蓿来喂小白鼠，能使小白鼠的抗病能力大大增强，而且这种霍乱抗原，能经受胃酸的腐蚀而不被破坏，并能激发人体对霍乱的免疫能力。于是，越来越多的抗病基因正在被转入植物，使人们在品尝鲜果美味的同时，达到防病的目的。

（三）转基因技术在食品工业中的应用

近年来转基因技术的蓬勃发展为食品的发展带来了新的契机，也为世界面临的粮食短缺问题（营养不良、饥饿、贫困）以及品质问题找到了新的解决途径。目前转基因技术在食品工业中的应用可归纳为以下几个方面：

（1）改造食品微生物。

（2）改善食品原料的品质。

（3）改进食品生产工艺。

（4）生产食品添加剂及功能性食品。

二、转基因技术潜在的风险

（一）食品安全潜在风险

随着转基因食品的商品化生产，转基因食品的安全性越来越受到关注。传统的毒理学的食品安全评价方法已不能完全适用于转基因技术食品。对于转基因食品的安全性，目前国际上没有统一说法，争论的重点应在转基因食品是否会产生毒素，是否可通过DNA蛋白质过敏反应，是否影响抗生素耐药性等方面。

1.致毒

基因被破坏或其不稳定性可能会带来新的毒素。另外，许多食品本身含有大量的毒性物质和抗营养因子，如蛋白酶抑制剂、神经毒素等，用以抵抗病原菌的侵害。转基因食品由于基因的导入可能使毒素蛋白发生过量表达，产生各种毒素。

2.致敏

外来基因产生的新的蛋白质可能会带来过敏性。由于导入基因的来源及序列或表达的蛋白质的氨基酸序列可能与已知致敏原存在同源性，导致过敏发生或产生新的致敏原。

3.营养代谢紊乱

新的蛋白质可能会打乱原来机体的代谢途径。

4.对抗生素的抵抗作用

当科学家把一个外来基因加入植物或细菌中，这个基因会与别的基因连接在一起。人们在服用了这种改良食品后，食品会在人体内将抗药性基因传给致病的细菌，使人体产生抗药性。

（二）环境安全潜在风险

1.转基因植物可能产生杂草增多

由于外源基因的引入，使转基因植物具有了抗虫、抗病、抗除草剂或抗环境胁迫等某些特征，使其在环境中的适合度发生了变化，从而导致自身变为杂草；再者，在自然环境中转基因作物与其近缘杂草进行杂交，使杂草获得了某些优势性状，变为更加难除的超级杂草，必然造成大量使用除草剂。据科学家估计，由于转基因植物对除草剂抵抗力增大，其用药量将高于正常的3倍。

2.转基因植物对非目标生物的伤害

在许多基因改良品种中包含有从杆菌中提取出来的细菌基因，这种基因会产生一种对昆虫和害虫有毒的蛋白质。在一次实验室研究中，两种蝴蝶的幼虫在吃了含杆菌基因的马利筋属植物的花粉之后，产生了死亡或不正常发育现象，这引起了生态学家的另一种担心，那些不在改良范围之内的其他物种有可能成为改良物种的受害者。例如，1999年5月，美国康奈尔大学John E. Losey博士等发现，转Bt基因玉米花粉对君主斑蝶幼虫具有毒杀作用，这种影响至少可以发生在离Bt玉米田10m范围内。

3.产生新的作物害虫，使杀虫剂增加

转基因抗虫植物的大规模商业化种植对目标害虫产生了强大的选择压力，从而导致目标害虫抗性增加，进化速度加快。已有研究表明：转基因抗虫棉对第一、二代棉铃虫有很好的毒杀效果，但是第三、四代棉铃虫已对转基因抗虫棉产生了抗性。

4.转基因植物具有破坏生态的危险性

转基因植物与其野生亲缘种杂交，污染传统地方作物品种基因库。转基因的生物由于人工改造，在生存上比同类的生物显得更强势，例如被植入人类生长激素的三文鱼比普通三文鱼体积大3倍以上，而且生长速度较快。研究生态的学者担心，强势的转基因生物会令自然界原有的品种绝种，从而破坏生物多样性。

5.产生新病毒

抗病毒转基因植物中的转基因病毒序列有可能与侵染该植物的其他病毒进行重组，从而提高了产生新病毒的可能性。例如，在乌干达木薯中已发现非洲木薯花叶病毒（ACMV）和东非木薯花叶病毒（EACMV）在植物体内发生重组，形成新的杂种病毒。这种杂种病毒正在毁灭整个乌干达木薯。

转基因植物释放到环境后潜在的风险如表2-1所示。

三、转基因食品的安全性管理

对转基因食品实施安全评价是安全管理的核心和基础。通过安全性评价，可以为转基因食品的研究、试验、生产、加工、经营、进出口提供依据，同时也向公众证明食品的安全性评价是建立在科学的基础上的。

表2-1　转基因植物释放到环境后潜在的风险

对环境有害的影响		造成影响的过程
农田生态系统	增加杀虫剂的使用	抗性的选择和转运到可相容的其他植物中
	产生新的农田杂草	基因流和杂交
	转基因植物自身变为杂草	插入性状的竞争
	产生新的病毒	不同病毒基因组和转基因作物的病毒外壳蛋白的重组
	产生新的作物害虫	病原体—植物相互作用 食草动物—植物相互作用
	对非目标生物的伤害	食草动物的误食
自然生态系统	侵入到新的栖息地	花粉和种子的传播 干扰 竞争
	丧失物种的遗传多样性	基因流和杂交 竞争
	对非目标物种的伤害	改变了互惠共生关系
	生物多样性的丧失	竞争 环境的胁迫 增加的影响(基因、种群、物种)
	营养循环和地球化学过程的改变	与非生物环境的相互作用(如转基因植物与N_2固定系统)
	初级生产力的改变	改变了物种的组成
	增加了土壤流失	增加的影响(与环境、物种组成的相互作用)

（一）转基因食品评价的基本原则

目前国际上对转基因食品安全评价遵循以科学为基础、实质等同性、个案分析和逐步的原则。安全评价的主要内容包括毒性、过敏性、营养成分、抗营养因子、标记基因转移和非期望效应等。

1.以科学为基础

以科学为基础是安全性评价必须遵守的基本原则。评价工作要以科学的态度，用科学的方法进行分析研究，才能得出正确的结论。

2.实质等同性

实质等同是指将转基因食品同现有传统食品进行比较，如果转基因食品或食品成分同已经存在的食品或食品成分实质等同，则认为这种转基因食品或食品成分是安全的。如果不能确定为实质等同，则要设计研究方案，进行统一研究。实质等同性分析不是要了解该食品的绝对安全性，其本身并不是安全性评价，而是对转基因食品与传统食品相对的安全性进行比较，是一种动态过程。

3.个案分析

个案分析原则就是对每种具体的转基因食品进行安全性评价。

4.逐步原则

逐步原则的理解可以在两个层次上进行：其一，对转基因产品管理是分阶段审批，在不同的阶段要解决的安全问题不同；其二，由于转入目的基因的安全风险是不同方面的，如毒性、致敏性、标记基因的毒性、抗营养成分或天然毒素等，评价也要分步骤进行。

（二）转基因食品的评价内容

安全性评价主要包括环境安全性和食品安全性两方面。环境安全性指转基因引发植物致病的可能性，生产竞争性的改变，基因漂流至相关物种的可能性，演变成为杂草的可能性，及对非靶生物和生态环境的影响等；食品、饲料的安全性主要包括营养成分、抗营养因子、毒性和过敏等。通过安全性评价，可以为农业转基因生物的研究、试验、生产、加工、经营、进口提供依据，同时也向公众证明安全性评价是建立在科学的基础上的。因此，对农业转基因生物实施安全性评价是安全管理转基因食品的核心和基础。

（三）转基因食品的标志管理

基于转基因食品在安全上的潜在风险，各国都制定了相关法律法规，防止或减少转基因食品在研制、装卸、运输、使用、转移和释放时对人类和环境构成的风险。同时，为了维护消费者的合法权益，也制定了有关标志管理的办法。2000年签署的《生物安全议定书》中就明确规定了消费者对于转基因食品的知情权。

消费者的知情权是指消费者有权知晓其购买的商品或服务的性质、特征、潜在危险、产地、制造商或服务提供者等。对于转基因食品而言，在对其安全性存在着广泛争议的情况下，应该给消费者自主选择的权利。只有通过法定标签制度，才能使消费者获得有关转基因食品的详细信息，如成分构成、基因来源和制作过程等。

1.转基因食品标志类型

按照标志的范围分为三种类型：

（1）选择性标志。只有在成分、营养价值和致敏性方面跟同类传统食品差别很大的转基因食品，才需加上转基因食品标签。

（2）有限度的标志。只规定以最常用的转基因食品做主要配料的特定类别食品需加上标签。例如用转基因大豆为主要原料的加工产品。

（3）全面标志。规定任何食品如含有超过1%的转基因原料均需加上标签。

另外，按照法律的约束性，转基因食品的标志管理分为义务标志（强制执行）和自愿标志两种方法。

2.转基因食品标志管理内容

（1）确定标志的种类。

（2）确定标注的范围、转基因的成分的阈值及标注的方法。

（3）确定标签的申请程序。

（4）保证标签管理有效执行的措施。

当前，不同国家基于对转基因食品安全性的不同认识以及经济、贸易的考虑，对转基因食品的标志采用不同的管理方法。

美国、加拿大等世界上主要的转基因作物和食品的生产和出口国主张大力发展转基因作物，避免不必要的法律管制。他们对已进行商业化种植的转基因食品的管理比较宽松，对转基因食品在生产、流通中不加以任何限制。对转基因食品实行选择性标志，不区分消费食物是否属于转基因类，只对与原来品种不具实质等同性和可能出现致敏原的转基因食品进行标志。

欧盟、澳大利亚、新西兰、俄罗斯等国主张对转基因作物和食品进行严格管制。从2004年4月18日起，欧盟开始执行有关转基因食品标签的新规定。这项规定是世界上同类规定中最为严格的，它要求凡含有转基因成分超过0.9%的食品都要贴上相关标签，以确保消费者充分的知情权。该项规定同样适用于饲料和动物食品。规定还确立了备案制度，要求能跟踪转基因产品的来龙去脉。产品的产地、成分和去向等资料规定要求保存5年。俄罗斯也从2000年起实行转基因食品标签制度，规定不贴标签的转基因食品不准出售，并对转基因食品和原料采取国家登记制度。

中国采取的是义务标志法，国家农业部于2002年1月颁布了《农业转基因生物标志管理办法》，要求在2002年3月20日后对列入农业转基因生物标志目录的农业转基因生物实施强制性标志，未标志的不得销售。第一批实施标志管理的农业转基因生物有大豆种子、大豆、大豆粉、大豆油、豆粕，玉米种子、玉米、玉米油、玉米粉，油菜种子、油菜籽、油菜籽油、油菜籽粕，棉花种子，番茄种子等。中国卫生部颁布的《转基因食品卫生管理办法》要求2002年7月1日后“以转基因动植物、微生物或者其直接加工品为原料生产的食品和食品添加剂”必须进行标志，并明确指出：食品产品中（包括原料及其加工的食品）含有基因修饰有机体或/和表达产物的，要标注“转基因××食品”或“以转基因××食品为原料”。转基因食品来自潜在致敏食物的，还要标注“本品转××食物基因，对××食物过敏者注意”。

自2005年10月1日起，食品标签两大强制性国家标准GB 7718—2004《预包装食品标签通则》和GB 13432—2004《预包装特殊膳食用食品标签通则》正式实施。两大食品标签新国标的颁布，是为了更好地保护消费者权益，使中国食品标签进一步规范，并与国际接轨。新国家标准规定转基因食品应明确标注。凡列入农业部发布的《农业转基因生物标志管理办法》的食品，必须在标签上标注“转基因食品”，如大豆粉、大豆油、玉米油、玉米粉、油菜籽油、油菜籽粕、鲜番茄和番茄酱等。例如，使用转基因大豆制取的油，其标签上应标有“转基因大豆油”字样。

第三章　食品安全性评价

第一节　概　述

一、食品安全与食品安全性的评价

食品安全性是指“在规定的使用方式和用量的条件下长期食用，对食用者不产生不良反应的实际把握”。不良反应既包括一般毒性和特异性毒性，也包括由于偶然摄入所导致的急性毒性和长期微量摄入所导致的慢性毒性，例如致癌和致畸形等。

影响食品安全性的因素有很多，包括微生物、寄生虫、生物毒素、农药残留、重金属离子、食品添加剂、包装材料溶出物和放射性核素以及其他任何可能在食品中发现的可疑物质等。另外，食品中营养素不足或数量不够也容易使食用者发生诸如营养不良、生长迟缓等代谢性疾病，这也属于食品中的不安全因素。

食品安全性评价就是运用毒理学动物试验结果，并结合人群流行病学调查资料来阐述食品中某种特定物质的毒性及潜在危害，对人体健康的影响性质和强度，预测人类接触后的安全程度，阐明某种食品是否可以安全食用及安全剂量，据此制定相应的标准，对食品生产进行风险评估及风险控制的过程。

二、食品安全性评价的意义与内容

食品安全性评价对食品安全与质量控制具有重要意义。

人类天然食品中的化学组分种类繁多，很可能还有更多的化学物质未被鉴别，随着分析方法的灵敏性不断增进，越来越多的化学物质将被发现，它们的安全性也有待于进一步研究验证。

为确保食品安全和人体健康，我们需要对食品中的许多成分进行安全性评价。食品安全性评价在食品安全性研究、监控和管理上具有重要的意义。

食品安全性毒理学评价的内容（适用范围）如下：

（1）用于食品生产、加工、运输、销售和保藏等过程中使用的化学和生物物质，如原料、食品添加剂、食品加工用微生物等物质的安全性评价。

（2）食品生产、加工、运输、销售和保藏等过程中产生的有害物质和污染物，如农药、重金属和生物毒素等以及包装材料的溶出物、放射性物质和洗涤消毒剂（用于食品、容器和食品用工具）等物质的安全性评价。

（3）新资源食品及其成分的安全性评价。

（4）食品中其他有害物质的安全性评价。

各类危害人体健康的物质，其安全性的定性定量分析是一个复杂的过程，涉及毒理学、流行病学、临床医学、化学（分析化学、有机化学、生物化学）和生物统计学等，其中毒理学和流行病学是较为重要的部分。从毒理试验获得的数据有限时，就要运用流行病学进行分析。目前，食品安全性评价得到众多学者的重视与研究，很多新的原理和检测方法在不断涌现和完善。

第二节　食品安全性的风险分析

一、风险分析

风险是指某种特定危险事件（事故或意外事件）发生的可能性和后果的组合。可以看出，风险是由危险发生的可能性（危险概率）和危险事件（发生）产生的后果两个因素组合而成。风险分析是对风险进行分析，并根据风险程度采取相应的风险管理措施去控制或者降低风险。

风险分析可以运用在社会生活的各个领域，如商业银行非系统性风险存在信用风险、流动性风险（又称支付风险或声誉风险）、资本风险、竞争风险、内部风险、资财风险和结算风险等七个方面的风险。在新药研究开发过程中，面临的风险有项目来源风险、市场风险、技术风险和政策风险等四个方面。日常生活中人们买卖股票更是要承担事先不可预料和难以从主观上加以控制的风险。

食品风险分析是风险分析在食品安全质量控制管理中的应用，是分析食源性危害，确定食品安全性保护水平，采取风险管理措施，使消费的食品在食品安全性风险方面处于可接受的水平。

二、食品安全风险分析的组成

世界卫生组织（WHO）和联合国粮食及农业组织（FAO）处于风险管理方法研究发展的最前沿。他们所采用的食品安全风险分析由三个部分组成：食品安全风险评估；食品安全风险管理；食品安全风险情况交流。其中食品安全风险评估在食品安全风险分析中占据中心位置。

在进行整体的食品安全性评价过程中，要进行食品中某危害成分的单项评价、某食品综合评价、膳食结构的综合评价以及最终的食品安全风险分析，同时要把化学物质评价、毒理学评价、微生物学评价和营养学评价统一起来得出结论，这也是目前食品安全性评价的发展趋势。图3-1说明了食品安全风险分析三部分之间的关系。

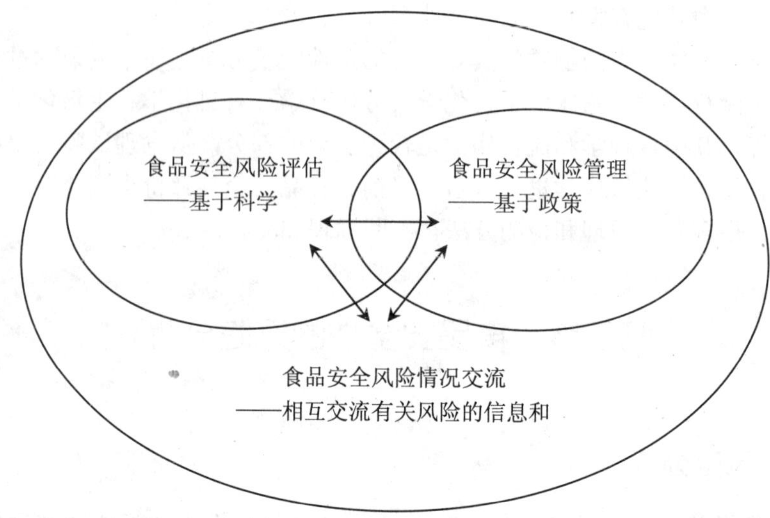

图3-1 食品安全风险分析框架示意图

（一）食品安全风险评估

食品安全风险评估就是科学地评价已知的和潜在的由于人类暴露于食源性的危害因素（生物性、化学性或物理性）而引发的有害于健康的效应。它是食品安全风险分析体系的基础。食品安全风险评估包括以下步骤：

1.危害因素的识别

识别出与某一特定因素有关的已知的或潜在的健康效应。

2.危害因素的描述

对食品中生物性、化学性和物理性因素所引发的有害健康的性质，根据毒理学评价、残留水平和暴露量或摄入量进行定性的和定量的评价，得出供试验食品某特定危害物导致风险的性质、大小及其某不确定性的说明。对于化学性因素，要进行剂量—效应的评估。如果能获得生物性和物理性因素的剂量—效应数据，则应进行剂量—效应的评估。

3.暴露剂量的估计

对可能出现的摄入量进行定性的和定量的评价。

4.风险特征的描述

通过对危害因素的识别、危害因素的描述和暴露剂量的估计的综合分析，得出对给定人群可能产生的不利影响的评估，包括伴随的不确定性影响的评估。

食品安全风险评估的定义包括定量的风险评估，它强调的是用数值表达方式评估风险，也包括定性的风险表达方式，以及伴随的不确定性的指标。

世界卫生组织具有向国际食品法典及其成员国提供风险评估的悠久历史，特别是化学性危害因素的评估。联合国粮食及农业组织和世界卫生组织食品添加剂联合专家委员会（JECFA）和杀虫剂残留联合会议是化学性危害因素评估的最具权威的机构。通过全球环境监测系统/食品项目（GEMS/食品）的实施，世界卫生组织在促进化学物质数据以及地区和国际层面的总膳食情况的收集、整理和评价方面发挥着领导作用。

现在，世界卫生组织和联合国粮食及农业组织正把化学性危害因素的危险分析经验加以推广，并对其发展提出了专业性建议。为响应2000年世界卫生大会食品安全决议和国际食品法典委员会要求，世界卫生组织和联合国粮食及农业组织启动了旨在指导食品卫生法典委员会和成员国开展风险评估为目的的活动项目。这个活动项目就是著名的联合国粮食及农业组织和世界卫生组织微生物性风险评估专家会议（JEMRA）。

（二）食品安全风险管理

风险管理就是对已评估的风险结果，采取接受、尽量降低或减少政策权衡过程以及选择并实施适当选项的过程。风险评估框架的四个组成部分可以简单概述如下。

1.最初的风险管理活动

最初的风险管理活动构成了风险管理的起始过程，包括建立风险预测以促进在某一特殊背景下问题的思考以及提供尽可能多的信息以指导下一步的行动。作为这一过程的结果，风险管理者要把风险评估作为一项科学独立过程来指导决策。

2.风险管理选项的评价

风险管理选项的评价就是根据风险和其他因素的科学信息对管理食品安全问题的现有选项进行权衡。包括在适当的水平上对消费者的保护做出决定。按照效率、效益、技术可行性和实用的原则，在整个食物链上的各个环节上实现食品安全控制措施的最优化是一项重要的目标。在这一阶段，费用—效益分析可以发挥作用。

3.风险管理决定的执行

通常要有规范的食品安全管理措施，这些措施包括HACCP的应用。只要总的计划能够客观地表明可实现既定的目标，企业可以灵活选用一些特殊措施。重要的是对食品安全措施的应用进行持续不断的确认。

4.监测与评价

监测与评价就是收集和分析数据以便给出食品安全和消费者健康的概况。新的食品安全问题一出现，食品污染物监测系统和食源性疾病监测系统就应该识别出来。哪里有证据表明公共卫生的目标没有实现，哪里就需要重新设计食品安全措施。

（三）食品安全风险情况交流

食品安全风险情况交流就是在风险评估人员、风险管理人员和其他利益者之间所进行的有关风险的信息和建议的相互交流过程。

风险交流是风险分析过程中的完整、连续不断的部分。最好从一开始，全体利益相关者都参与其中。风险交流也是利益相关者对风险评估的每个阶段认识了解的过程。这将有助于保证风险评估的逻辑性、结果、意义和局限性能够被所有的利益相关者清晰地理解。还可从利益相关者那里获得有关信息。例如企业的利益相关者可能拥有对风险评估人员未公开的关键数据，而这些未公开的数据可能是风险评估所需数据中的重要部分。作为风险分析过程的一个完整部分，重要的信息要向利益相关者（包括企业和消费者）提供。

特殊利益集团及其代表的识别应成为整个风险交流计划的一部分。为确保双向交流的开展，应在风险评估的早期，讨论并确定风险评估人员和风险管理人员之间的风险交流计划。这种计划应当包括谁向公众发布信息及发布信息的方式。

风险交流的决定，包括交流什么、和谁交流和怎样交流，应该成为整个风险交流计划的一部分。如果风险交流以系统的方式进行，并从一开始就普遍地收集所关注的风险问题的信息，那么风险交流就是最有效的。因此，风险管理和风险评估人员必须能够简短而明了地概括出风险问题所包含的内容。在风险交流的早期阶段，为了争取利益和利益相关者的投入，风险交流必须在整个风险分析过程中持续不断地进行。一旦现有的信息完全可以确定危害因素，并可对风险做出适当的决定和评估，那么，就要做好发布这一信息的准备，而后与利益相关者进一步商讨，并做出必要的更改、修正和补充，最终形成风险评估和风险分析报告。

第三节　食品安全性的毒理学评价

一、食品毒理学概述

（一）毒物

食品应具备的基本条件是：卫生安全，无毒无害；含有人体所需要的营养素和有益成分；感官性状良好，可被人体接受。但是食品除了含有人体所必需的营养物质外，也可能含有身体非必需的甚至有害生物或化学物质，后者总称为外源化学物（xenobiotics）。外源化学物是在人类生活的外界环境中存在的，可能与机体接触并进入机体，在体内呈现一定的生物学作用的一些化学物质，又称为外源生物活性物质。它既包括在食品生产、加工中人类使用的物质，也包括食物本身生长中存在的物质。蔬菜上的农药残留是有害无益的，但有些外源化学物对健康有利，如大蒜中的大蒜素。所以，不应把外源化学物统统认为是对健康有害的。与外源化学物概念相对的是内源化学物，是指机体内原已存在的和代谢过程中所形成的产物或中间产物。某种物质通过物理损伤以外的机制引起细胞或组织损伤时称为有毒（toxic）。传统上把摄入较小剂量即能损害身体健康的物质称为有毒物质或毒物（toxicants），它具有的对细胞和/或组织产生损伤的能力称为毒性（toxicity）。有毒物质在一定条件下产生的临床状态称为中毒（intoxication，poisoning）。

（二）毒性与剂量

对食品中外源化学物来说，毒性大小在很大程度上取决于摄入的剂量。然而毒性是很复杂的生物学现象，取决于多种因素。某种物质在正常食用方式与用量情况下，长期食用不产生毒性，可认为是安全的。但是安全是有条件的、相对的。食品中的外源化学物也可能在一定条件下呈有益作用或不良作用。

毒理学的一个基本原则和首要目的就是要对毒性进行定量。欧洲中世纪的科学家Paracelsus（1493—1541）曾说过："所有的物质都是毒物，没有一种不是毒物的。正确的剂量才使得毒物与药物得以区分。"（the dose makes the poison）一般来说，毒物和非毒物之间没有严格的界限。同一种化学物质，由于使用剂量、对象和方法的不同，则可能是毒物，也可能是非毒物。例如，亚硝酸盐（nitrate）对正常人是毒性物质，但对氰化物中毒者则是有效的解毒剂。另外，人体对硒（Se）的每日安全摄入量为50～200μg，如低于50μg则会导致心肌炎、克山病等疾病，并诱发免疫功能低下和老年性白内障的发生；如摄入量在200～1000μg则会导致中毒，如每日摄入量超过1mg则可导致死亡。

（三）毒物的分类

毒性物质按其来源可分为天然、合成和半合成三类。

按其用途及分布范围可分为工业、环境、食品有毒成分、农用、医用、军事、放射性、生物性和化妆品中分布的有害化学物。

按其毒性强弱又可分为剧毒、高毒、中毒、低毒、微毒等。

毒性物质主要通过化学损伤使生物体受到损害。所谓化学损害是指通过改变生物体内的生物化学过程甚至导致器质性病变的损伤。如有机磷酯类农药主要通过抑制胆碱酯酶的活性，使生物体乙酰胆碱超常累积，从而导致生物体的极度兴奋而死亡。

（四）食品毒理学

食品毒理学（food toxicology）研究食品中外源化学物的性质、来源与形成，它们的不良作用与可能的有益作用及其机制，并确定这些物质的安全限量和评定食品的安全性的科学。

食品毒理学的研究对象——外源化学物——包括有一定毒性的化学物，如农药，毒性很小，通常不称之为“毒物”的化学物，如食用色素，也包括潜在有益作用的化学物，如大蒜氨酸。

食品毒理学是食品安全性的基础。食品毒理学的作用就是从毒理学的角度，研究食品中所含的内源化学物质或可能含有的外源化学物质对食用者的毒性作用机理，检验和评价食品（包括食品添加剂）的安全性或安全范围，从而确保人类的健康。现代食品毒理学着重于通过化学和生物学领域的知识找寻毒性反应的详细机理，并研究特定物质产生的特定的化学或生物学反应机制，为食品安全性评估和监控提供详细和确凿的理论依据。

二、毒物的毒效应

（一）急性毒性

急性毒性是指机体一次接触受试化学物，发生的毒效应。食品毒理学研究的途径主要是经口给予受试物，方式包括灌胃、喂饲、吞咽胶囊等。

急性毒性研究的目的主要是探求化学物的致死剂量，以初步评估其对人类的可能毒害的危险性。

（二）蓄积毒性

蓄积毒性是指低于二次中毒剂量的外源化学物，反复与机体接触一定时间后致使机体出现的中毒作用。一种外源化学物在体内蓄积作用的过程，表现为物质蓄积和功能蓄积两个方面。

（三）亚慢性、慢性毒性

亚慢性毒性是指机体在相当于1/20左右生命期间，少量反复接触某种有害化学和生物因素所引起的损害作用。

慢性毒性是指外源化学物质长时间少量反复作用于机体后所引起的损害作用。

（四）“三致”作用

“三致”作用是指致突变、致畸、致癌作用。

三、致死剂量或浓度

致死剂量是指在急性毒性试验中外源化学物引起受试动物死亡的剂量或浓度，通常按照引起动物不同死亡率所需的剂量来表示。

（一）绝对致死量或浓度（LD_{100}或LC_{100}）

绝对致死量是指引起一组受试动物全部死亡的最低剂量或浓度。由于一个群体中，不同个体之间对外源化学物的耐受性存在差异，个别个体耐受性过高，并因此造成100%死亡的剂量显著增加。所以表示一种外源化学物的毒性高低或对不同外源化学物的毒性进行比较时，一般不用绝对致死量（LD_{100}），而采用半致死量（LD_{50}）。LD_{50}较少受个体耐受程度差异的影响，较为准确。

（二）半致死剂量或浓度（LD_{50}或LC_{50}）

半致死剂量是指引起一组受试动物半数死亡的剂量或浓度。它是一个经过统计学处理计算得到的数值，常用以表示急性毒性的大小。LD_{50}数值越小，表示外源化学物的毒性越强；反之LD_{50}数值越大，则毒性越低。与LD_{50}概念相似的毒性参数，还有半致死浓度（LC_{50}），即能使一组受试动物在经呼吸道接触外源化学物一定时间（一般固定为2h或4h）后，死亡50%所需的浓度（mg/m^3）。

（三）最小致死剂量或浓度（MLD，LD_{01}或MTC，LC_{01}）

最小致死剂量是指一组受试动物中，仅引起个别动物死亡的最小剂量或浓度。

（四）最大耐受剂量或浓度（MTD，LD_0或MTC，LC_0）

最大耐受剂量是指一组受试动物中，不引起动物死亡的最大剂量或浓度。

（五）观察到的有害作用的最低剂量（lowest observed adverse effect leve1，LOAEL）

观察到的有害作用的最低剂量是指在规定的暴露条件下，通过试验和观察，一种物质引起机体（人或动物）形态、功能、生长、发育或寿命可检测到的有害改变的最低剂量或浓度，此种有害改变与同一物种、品系的正常（对照）机体是可以区别的。LOAEL是通过试验和观察得到的，应具有统计学意义和生物学意义。

（六）未观察到的有害作用剂量（no observed adverse effect level，NOAEL）

未观察到的有害作用剂量是指在规定的暴露条件下，通过试验和观察，一种物质不引起机体（人或动物）形态、功能、生长、发育或寿命可检测到的有害改变的最高剂量或浓度。机体（人或动物）在形态、功能、生长、发育或寿命改变可能检测到，但被判断为非损害作用。

（七）未观察到的作用剂量（no observed effect level，NOEL）

未观察到的作用剂量是指在规定的暴露条件下，通过试验和观察，与同一物种、品系的正常（对照）机体比较，一种物质不引起机体（人或动物）形态、功能、生长、发育或寿命可检测到的改变的最高剂量或浓度。在具体的试验研究中，比NOAEL高一档的剂量就是LOAEL。应用不同物种品系的试验动物、接触时间、染毒方法和指标观察有害效应，可得出不同的LOAEL和NOAEL。

急性、亚急性、亚慢性和慢性毒性试验都可分别得到各自的LOAEL或NOAEL。因此，在讨论LOAEL或NOAEL时应说明具体条件，并注意该LOAEL有害作用的严重程度。LOAEL或NOAEL是评价外源化学物毒性作用与制定安全限值的重要依据，具有重要的理论和实践意义。

（八）阈值

阈值为一种物质使机体（人或动物）刚开始发生效应的剂量或浓度，即稍低于阈值时效应不发生，而达到或稍高于阈值时效应将发生。一种化学物对每种效应都可有一个阈值，因此一种化学物可有多个阈值，对某种效应、对不同的个体可有不同的阈值。同一个体对某种效应的阈值也可随时间而改变。就目前科学发展程度，对于某些化学物和某些毒效应还不能证实存在阈剂量（如遗传毒性致癌物和性细胞致突变物）。阈剂量应该在试验测定的NOEL和LOEL之间。在利用NOEL或LOEL时应说明测定的是什么效应、什么群体和什么染毒途径。当所关心的效应被认为是有害效应时，就称为NOAEL或LOAEL。阈剂量并不是试验中所能确定的，在进行危险性评价时通常用NOAEL或NOEL作为阈值的近似值。

（九）安全限值

安全限值是指为保护人群健康，对生活和生产环境及各种介质（空气、水、食物、土壤等）中与人群身体健康有关的各种因素（物理、化学和生物）所规定的浓度和接触时间的限制性量值，在低于此种浓度和接触时间内，根据现有的知识，不会观察到任何直接和/或间接的有害作用。也就是说，在低于此种浓度和接触时间内，对个体或群体健康的危险度是可忽略的。安全限值可以是每日允许摄入量（ADI）、可耐受摄入量（TI）、参考剂量（RFD）、参考浓度（RFC）和最高允许浓度（MAC）等。

1.每日允许摄入量（acceptable daily intake，ADI）

每日允许摄入量是以体重表达的每日允许摄入量，以此量终生摄入无可测量的健康危险性（标准人为60kg）。

2.可耐受摄入量（tolerable intake，TI）

可耐受摄入量是由IPCS（国际化学品安全规划署）提出的，是指没有可估计的有害健康的危险性对一种物质终生摄入的容许量。取决于摄入途径，TI可以用不同的单位来表达。

3.参考剂量和参考浓度

参考剂量和参考浓度是美国环境保护局（EPA）对非致癌物质进行危险性评价提出的概念。参考剂量（reference dose，RFD）和参考浓度（reference concentration，RFC），是指一种日平均剂量和估计值。人群（包括敏感亚群）终身暴露于该水平时，预期在一生中发生非致癌（或非致突变）性有害效应的危险度很低，实际上是不可检出的。

4.最高允许浓度（maximal allowable concentration，MAC）

最高允许浓度系指某一外源化学物可以在环境中存在而不致对人体造成任何损害作用的浓度。我国在制定MAC时遵循“在保证健康的前提下，做到经济合理，技术可行”的原则，因此与上述几种以保护健康为基础的安全限值有区别。MAC的概念对生活环境和生产环境都适用，但人类在生活与生产活动中的具体接触情况存在较大差异，同一外源化学物在生活环境中与生产环境中的MAC也不相同。

四、食品安全性毒理学评价程序

目前我国现行的对食品安全性评价的方法和程序也还是按照传统的毒理学评价程序进行，即初步工作—急性毒性试验—遗传毒理学试验—亚慢性毒性试验（9d喂养试验、繁殖试验、代谢试验）—慢性毒性试验（包括致癌试验）。

（一）试验前的准备工作（初步工作）

人们经常接触的化学物质有环境污染物、工业污染物、食品（包括食品添加剂、食品化学污染物）、化妆品、药物和农药等，无论对哪类化学物质进行毒理学毒性鉴定，都必须做好充分的准备工作。试验前应了解化学物质的基本数据，如化学物质名称、化学结构式、分子质量，理化性质如熔点或沸点、蒸气压、溶解度、pH、纯度、杂质等理化数据和有关的参数，也应了解受检样品的成分、规格、用途、使用范围、使用方式，以了解人类可能接触的途径和剂量、过度接触以及滥用或误用的可能性等，以便预测毒性和进行合理的试验设计。

1.收集化学物质有关的基本资料

（1）化学结构。根据结构式有时可以预测一些化学物质的毒性大小和致癌活性。如西方和我国学者运用量子力学原理，提出几种致癌活性与化学结构关系的理论，有助于推算多环芳烃的致癌活性。

（2）组成成分和杂质。化学物中存在杂质，有时可能导致错误的评价，特别是对于低毒化学物，在动物试验中可因其中所含的杂质而增加毒性。有时还需了解在配制、贮存时组成成分及性质有无变化，或在环境中可形成哪些转化产物等。

（3）理化性质。主要了解其外观、相对密度、沸点、熔点、极性、蒸气压、在常见溶剂中的溶解度、乳化性或混悬性、贮存稳定性等。

（4）化学物的定量分析方法。这些资料通过有关部门的了解，或查阅有关文献资料获得，必要时需由实验室测定而获得。

（5）原料和中间体。了解化学物质生产流程、生产过程所用的原料和中间体，可以帮助估测化学物质的毒性。

2.了解化学物质的使用情况

了解化学物质的使用情况包括使用方式及人体接触途径、用途及使用范围、使用量，化学物质所产生的社会效益、经济效益和人群健康效益等，这些将为毒性试验的设计和对试验结果进行综合评价等提供参考。例如，对食品添加剂应掌握其加入食品中的数量；农药应掌握施用剂量和在食物中的可能残留量；如环境污染物，应了解其在水、空气或土壤中的含量；工业毒物则应考虑其在空气中的最大浓度。因此，在进行毒理学评价时，应对该种物质通过各种途径进入人体的实际接触最大剂量做出估计。

3.选用人类实际接触和应用的产品形式进行试验

一般来说，用于毒理学安全性评价的受试物应采用工业品或市售商品，而不是纯化学品，以反映人体实际接触的情况。应当注意的是，在整个试验过程中所使用的受试物必须是规格、纯度完全一致的产品。当需要确定该化学品的毒性来源于化学物质还是所含杂质时，通常采用纯品和应用品分别试验，将其结果进行比较。如我国农药登记条例规定，急性毒性试验（包括经口、经皮和经呼吸道）的受试农药应包括原药和制剂。

4.选择试验动物的要求

动物种类对受试化学物的代谢方式应尽可能与人类相近。进行毒理学评价时，优先考虑哺乳类的杂食动物。如大鼠是杂食动物，食性和代谢过程与人类较为接近，对许多化学物质的毒作用比较敏感，加上具有体形小、自然寿命不太长、价格便宜、易于饲养等特点，故在毒理学试验中，除特殊情况外，一般多采用大鼠。此外，小鼠、仓鼠（地鼠）、豚鼠、家兔、狗或猴也可供使用。对种属相同但品系不同的动物，同一种化学物质有时可以引发程度不同至性质完全不同的反应。因此，为了减少同种动物不同品系造成的差异，最好采用纯系动物（指来自同一祖先，经同窝近亲交配繁殖至少20代以上的动物）或内部杂交动物（指来源于同一部门同一品系经多代繁殖所得的动物）和第一代杂交动物（指两种纯品系动物杂交后所得的第一代杂交动物）进行试验。这些动物具有稳定的遗传特性，动物生理常数、营养需要和应激反应都比较稳定，所以对外来化合物的反应较为一致，个体差异小，重复性好。

我国食品安全性毒理学评价程序中对不同受试物进行几个阶段试验，原则规定为：

（1）凡属我国创新的物质，特别是其化学结构提示有慢性毒性、遗传毒性或致癌性可能的，或产量大、使用面广、摄入机会多的，必须进行全部四个阶段的毒性试验，即急性毒性试验，遗传毒性试验（包括蓄积毒性试验、致突变试验）、亚慢性毒性试验（包括90d喂养、繁殖和代谢试验）以及慢性毒性试验（包括致癌试验）。

（2）凡属已知物质（指经过安全性评价并允许使用者）的化学结构基本相同的衍生物或类似物，则可进行前三阶段试验，并按照试验结果判断是否需要进行第四阶段试验。

（3）凡属已知的化学物质，世界卫生组织对其已公布每人每日允许摄入量（AD1）的，同时申请单位又有资料证明我国产品的质量规格与国外产品一致，则可先进行第一、第二阶段试验。如果产品质量或试验结果与国外资料一致，一般不要求进行进一步的毒性试验，否则尚应该进行第三阶段试验。

对农药、添加剂、高分子聚合物、新物质资源、辐照食品等有更详细的要求。下面是我国食品安全性评价的毒理学评价程序四阶段工作内容。

（二）第一阶段：急性毒性试验

急性毒性试验是指一次给予受试物或在短期内多次给予受试物所产生的毒性反应。通过急性试验可以确定试验动物对受试物的毒性反应、中毒剂量或致死剂量。致死剂量通常用半致死量（LD_{50}）来表示。

试验目的：（1）测定LD_{50}，了解受试物的毒性强度、性质和靶器官。（2）为以后的蓄积毒性试验和亚慢性毒性试验的剂量和毒性判定指标的选择提供依据。

试验要求：分别用两种性别的小鼠和/或大鼠进行。

试验项目：用霍恩氏机率单位法或寇氏法测定LD_{50}和7d喂养试验。

LD_{50}是衡量化学物质急性毒性大小的基本数据，可以用它的倒数对试验条件类似的许多化学物质的毒性强弱进行比较。我国卫生部1983年提出将各物质按其对大鼠经口半致死量的大小分为极毒、剧毒、中等毒、低毒、实际无毒、无毒六大类（表3-1）。一般而言，对动物毒性很低的物质，对人的毒性往往也很低。食品毒理研究中测定LD_{50}不必像药物研究那样要求十分精确。

表3-1　急性毒性(LD_{50})剂量分级

级别(mg/kg)	大鼠口服LD_{50}(mg/kg)	相当于人的致死剂量(g/人)
极毒<1	稍尝	0.05
剧毒1～50	500～4000	0.5
中等毒51～500	4000～30 000	5
低毒501～5000	30 000～250 000	50
实际无毒5001～15 000	250 000～500 000	500
无毒>15 000	>500 000	2500

（三）第二阶段：遗传毒性试验（蓄积毒性试验、致突变试验）

遗传毒性试验主要是指对致突变作用进行测试的试验。以致突变试验来定性表明受试物是否有突变作用或潜在的致癌作用，进行筛选，可为代谢研究提供方法。遗传毒性试验的组合必须考虑原核细胞和真核细胞、生殖细胞与体细胞、体内和体外试验相结合的原则。

试验项目包括：（1）细菌致突变试验。首选鼠伤寒沙门氏菌/哺乳动物微粒体酶试验（ames），必要时可另选和加选其他试验。（2）小鼠骨髓微核率测定和骨髓细胞染色体畸变分析。（3）小鼠精子畸形分析和睾丸染色体畸变分析。（4）其他备选遗传毒性试验，包括V79/HGPRT基因突变试验、显性致死试验、果蝇伴性隐性致死试验、程序外DNA修复合成试验。（5）传统致畸试验。（6）短期喂养试验，即30d喂养试验，如受试物需要进行第三、四阶段毒性试验者，可不进行这项试验。

1.蓄积毒性试验

蓄积毒性试验的目的是了解受试物在体内的蓄积情况。

如果一种外来化学物质经常多次进入机体，其前次进入剂量尚未完全消除，后一次剂量又已经进入，则这一化学物质在体内的总量将不断增加，此种现象称为蓄积性。当有毒化学物质每次在体内蓄积一定数量后，蓄积总量超过中毒阈值剂量，即超过能使机体开始出现毒性反应的最低剂量时，机体就可呈现毒性作用。蓄积性的大小主要取决于化学物质进入机体的速度和体内消除速度的大小。

化学物质进入机体的速度主要由物质每次给予机体的间隔时间决定，化学物质体内消除速度主要由机体状态和化学物质本身性质所决定。

蓄积分为物质蓄积和功能蓄积。物质蓄积是量的变化，化学物质进入机体后，化学物质在体内贮留的量随消除量不及进入量而逐渐增加。化学物质进入机体引起一定的功能或结构形态的变化，并逐渐积累，造成功能蓄积。

蓄积试验通常采用蓄积系数法或20d试验法。

蓄积系数法是将某种化学物质按一定时间间隔，分次给予动物，经过一定时间反复多次给予后，如果该物质全部在体内蓄积，则多次给予的总剂量与一次给予同等剂量的毒性相当；反之，如果该化学物质在体内仅有一部分蓄积，则分次给予总量的毒性作用与一次给予同等剂量的毒性作用将有一定程度的差别，而且蓄积性越小，相差程度越大。

20d试验法是20d给予药物进行试验。以成年大鼠（体重200g左右）每组10只，雌雄分别同时进行，设剂量分别为LD_{50}的1/20、1/10、1/5、1/2处理试验，另设对照，连续20d每天灌胃一次。各组累积总剂量可达1、2、4、10 LD_{50}，停药后观察7d。如1/20 LD_{50}组动物有死亡，且有剂量反应关系，则为强蓄积性；如1/20 LD_{50}组动物无死亡，则为弱蓄积性。

2.致突变试验

致突变试验是检验外来化学物质有无引起突变作用的试验，目的是对受试动物是否具有致癌作用的可能性进行筛选。

突变（mutation）是细胞的遗传物质发生改变所引起的一种生物学现象，可观察。发生变化的遗传物质在细胞分裂繁殖过程中被传递到后代细胞，使后代细胞及生物具有新的特性。能引起生物细胞发生突变的物质称为致突变物。致突变性也可认为是致突然变异性，是指细胞或个体诱发突然变异，发生细胞遗传因子变化的现象。在毒性试验中，如果食物中某种物质能引起某些动物或人体细胞发生突变，不论其性质如何，均认为是一种毒性表现，应在食品中严格限制。

致突变试验的基本原理是将受试物与一种生物系统相接触，观察该生物系统是否发生突变。凡是使生物系统发生突变者，即为致突变物。致突变试验所用生物系统包括细菌、真菌、昆虫、细胞株和哺乳动物等。

（四）第三阶段：亚慢性毒性试验

亚慢性试验是了解试验动物在多次给予受试物时所引起的毒性作用。

试验目的：（1）观察受试物以不同剂量水平较长期喂养，确定动物的毒性作用性质和靶器官，并初步确定最大无作用剂量。（2）了解受试物对动物繁殖及对仔代的致畸作用。（3）为慢性毒性和致癌试验的剂量选择提供根据。（4）为评价受试物能否应用于食品提供依据。

试验项目：包括90d喂养试验、繁殖试验、代谢试验。根据这三项试验中所采用的最敏感指标所得的最大无作用剂量进行评价。

代谢试验是一种阐明外来化学物质进入机体后在体内吸收、分布与排泄等生物转运过程和转变为代谢物的生物转化过程的试验。其目的是了解受试物在体内的吸收、分布和排泄速度以及蓄积性，寻找可能的靶器官，为选择慢性毒性试验的合适动物种系提供依据，并了解有无毒性代谢产物的形成。我国提出的“食品安全毒理学评价程序”要求，对于我国研制的化学物质，在进行最终评价时，至少应进行以下几项代谢方面的试验：

（1）胃肠道吸收。

（2）测定血浓度，计算生物半衰期（进入机体的外来化学物质在体内消除一半所需的时间）和其他动力学指标。

（3）主要器官和组织中的分布。

（4）排泄（尿、粪、胆汁）。有条件时，可进一步进行代谢产物的分离、鉴定。对于国际上许多国家已批准使用和毒性评价资料比较齐全的化学物质，可暂不要求进行代谢试验。对于属于人体正常成分的物质可不进行代谢研究。

（五）第四阶段：慢性毒性试验（包括致癌试验）

慢性试验是观察试验动物长期摄入受试物所产生的毒性反应，尤其是进行性和不可逆的毒性作用以及致癌作用，最后确定最大无作用剂量，为受试物能否用于食品的最终评价提供依据。所谓长期是指试验动物整个生命期的大部分或终生，有时可包括几代的试验。致癌试验是检验受试物或其代谢产物是否具有致癌或诱发肿瘤作用的慢性毒性试验方法。

试验项目：用两种性别的大鼠和/或小鼠进行两年生命期慢性毒性试验和致癌试验，并结合在一个动物试验中。

根据慢性试验所得的最大无作用剂量进行评价：如果慢性毒性试验所得的最大无作用剂量（MNL，以mg/kg体重计）小于或等于人的可能摄入量的50倍者，表示毒性较强，应予以放弃；最大无作用剂量大于50倍而小于100倍者，需由有关专家共同评议，经安全评价后，决定该受试物是否可用于食品；最大无作用剂量大于或等于100倍者，则可考虑允许使用于食品中，并制定日允许量，如在任何一个剂量发现有致癌作用，且有剂量与效应关系，则需由有关专家共同评议，以做出评价。毒理学试验类型参见表3-2。

表3-2　毒理学试验类型

毒理学试验类型
1.急性试验(一次暴露或剂量) (1)测定半致死量(LD_{50}) (2)急性生理学变化(血压、瞳孔扩大等)
2.亚急性试验(连续暴露或每日剂量) (1)3个月持续时间 (2)2个或2个以上的试验动物(一种非啮齿动物类) (3)3个剂量水平(至少) (4)按预期或类似途径处理(受试物) (5)健康评价,包括体重、全面身体检查、血液化学、血液学、尿分析和功能试验
3.慢性试验(连续暴露或每日剂量) (1)2年持续时间(至少) (2)从预试验筛选两种敏感试验动物 (3)2个剂量水平(至少) (4)类似接触(暴露)途径处理(受试物) (5)健康评价,包括体重、全面检查、血液化学、血液学、尿分析和功能试验 (6)所有动物全面的尸检和组织病理学检查
4.特殊试验 (1)致癌性 (2)致突变性 (3)致畸性 (4)繁殖试验 (5)潜在毒性 (6)皮肤和眼睛刺激试验 (7)行为反应

五、安全性毒理学评价中需注意的问题

影响毒性鉴定和安全性评价的因素有很多，进行安全性评价时需要考虑和消除多方面因素的干扰，尽可能科学、公正地做出评价结论。

（一）实验设计的科学性

化学物质安全性评价将毒理学知识应用于卫生科学，是科学性很强的工作，也是项创造性的劳动，因此不能以模式化对待，必须根据受试化学物的具体情况，充分利用国内外现有的相关资料，讲求实效地进行科学的试验设计。

（二）试验方法的标准化

毒理学试验方法和操作技术的标准化是实现国际规范和实验室间数据比较的基础。化学物安全性评价结果是否可靠，取决于毒理学试验的科学性，它决定了对试验数据的科学分析和判断。如何进行毒理学科学的测试与研究，要求有严格规范的规定与评价标准。这些规范与标准必须既符合毒理科学的原理，又是良好的毒理与卫生科学研究实践的总结。因此，毒理学评价中各项试验方法力求标准化、规范化，并应有质量控制。现有代表性的试验设计与操作规程是良好的实验室规范（GIP）和标准操作程序（standard operation procedure，SOP）。

（三）熟悉毒理学试验方法的特点

对毒理学试验不仅要了解每项试验所能说明的问题，还应该了解试验的局限性或难以说明的问题，以便为安全性评价做出一个比较恰当的结论。

（四）评价结论的高度综合性

在考虑安全性评价结论时，对受试化学物的取舍或是否同意使用，不仅要根据毒理学试验的数据和结果，还应同时进行社会效益和经济效益的分析，并考虑其对环境质量和自然资源的影响，充分权衡利弊，做出合理的评价，提出禁用、限用或安全接触和使用的条件以及预防对策的建议，为政府管理部门的最后决策提供科学依据。

六、食品安全性评价时需要考虑的因素

（一）人的可能摄入量

除一般人群的摄入量外，还应考虑特殊和敏感人群（如儿童、孕妇及高摄入量人群）。

（二）人体资料

由于存在着动物与人之间的种族差异，在将动物试验结果推论到人时，应尽可能收集人群接触受试物后反应的资料，如职业性接触和意外事故接触等。志愿受试者体内的代谢资料对于将动物试验结果推论到人具有重要意义。在确保安全的条件下，可以考虑按照有关规定进行必要的人体试食试验。

（三）动物毒性试验和体外试验资料

本程序所列的各项动物毒性试验和体外试验系统虽然仍有待完善，却是目前水平下所得到的最重要的资料，也是进行评价的主要依据。在试验得到阳性结果，而且结果的判定涉及受试物能否应用于食品时，需要考虑结果的重复性和剂量—效应关系。

（四）安全限值

由动物毒性试验结果推论到人时，鉴于动物、人的种属和个体之间的生物特性差异，一般采用安全系数的方法，以确保对人的安全性。安全系数通常为100倍，但可根据受试物的理化性质、毒性大小、代谢特点、接触的人群范围、食品中的使用量及使用范围等因素，综合考虑增大或减小安全系数。

（五）代谢试验的资料

代谢研究是对化学物质进行毒理学评价的一个重要方面，因为不同化学物质、剂量大小，在代谢方面的差别往往对毒性作用影响很大。在毒性试验中，原则上应尽量使用与人具有相同代谢途径和模式的动物种系来进行试验。研究受试物在试验动物和人体内吸收、分布、排泄和生物转化方面的差别，对于将动物试验结果比较正确地推论到人具有重要意义。

（六）综合评价

在进行最后评价时，必须在受试物可能对人体健康造成的危害以及其可能的有益作用之间进行权衡。评价的依据不仅是科学试验资料，而且与当时的科学水平、技术条件，以及社会因素有关。因此，随着时间的推移，很可能所得结论也不同。随着情况的不断改变，科学技术的进步和研究工作的不断进展，对已通过评价的化学物质需进行重新评价，做出新的结论。

对于已在食品中应用了相当长时间的物质，对接触人群进行流行病学调查具有重大意义，但往往难以获得剂量—效应关系方面的可靠资料，对于新的受试物质，则只能依靠动物试验和其他试验研究资料。然而，即使有了完整和详尽的动物试验资料和一部分人类接触者的流行病学研究资料，由于人类的种族和个体差异，也很难做出能保证每个人都安全的评价。所谓绝对的安全实际上是不存在的。根据上述材料，进行最终评价时，应全面权衡和考虑实际可能，从确保发挥该受试物的最大效益，以及对人体健康和环境造成最小危害的前提下做出结论。

第四章　食品安全管理体系

第一节　概　述

在21世纪初期，食物安全问题成为一个国际问题，需要国家间的密切合作，设立一致同意的标准并建立跨国监控系统。过去二十年来因食品安全问题带来的经验教训不断出现在食品行业中。食品生产者的关注点渐渐从种植的食品原料及采用的辅助技术转移到生产出的食品质量。

目前消费者的行为已逐渐发生变化。消费者的意识逐渐体现在对产品赋予独特特性的需求上。他们在购买食品时不仅需要产品具有较高的膳食质量、卫生条件和健康标准，而且他们也会寻找来自食品生产原产地（国家或地区）的认证与保证，以及生产方法。

无论一个组织多么专业和有效，也总有出现不可预见甚至令公司陷入重大危机的严重问题的可能性。然而，思考这些可能性的影响，并准备问题发生时的响应和解决方案，总能确保能更充分地应对那些意料不到的问题。危害分析和关键控制点（HACCP）系统是一个以科学为基础的系统，通过识别特定危害和行动来控制危害，以确保食品安全和质量。无论是食品行业或预防食源性疾病的卫生部门，它都被视为一个有效的工具。HACCP体系应该在每种食品生产线中应用，以适应不同的产品和加工方式。在欧盟，HACCP体系已被强制执行。

一、HACCP的历史

HACCP最初被用来确保食品的微生物安全性，进而扩大到包括食品中的化学和物理危害。近年来，随着全世界人们对食品安全卫生的日益关注，食品工业和其消费者已经成为企业申请HACCP体系认证的主要推动力。世界范围内食物中毒事件的显著增加激发了经济秩序和食品卫生意识的提高，在美国、欧洲、英国、澳大利亚和加拿大等国家，越来越多的法规和消费者要求将HACCP体系的要求变为市场的准入要求。HACCP仅仅是一种工具，不能将其设计为一个独立程序。为了保证HACCP的有效性，其他工具如良好生产规范（GMP）、标准卫生操作程序（SSOP）和个人卫生方案等都应执行。

HACCP体系管理食品安全问题经历了两次突破。第一次突破是W.E.Deming博士等人开发了全面质量管理（TQM）系统，改变了20世纪50年代前日本产品的质量管理思想，其理论在提高质量、降低成本的同时，强调了总的系统方法的运用。第二次的突破是HACCP体系由皮尔斯伯里公司、美国航空航天局和美国陆军实验室共同提出。体系建立的初衷是为太空作业的宇航员提供食品安全方面的保障。HACCP概念于1971年在美国的食品保鲜会议中被作为“推荐广泛应用”的体系为大众所知晓。1973年美国食品与药物管理局（Food and Drug Administration，FDA）首次将HACCP食品加工控制概念应用于罐头食品加工中，以防止腊肠毒菌感染。1977年，美国水产界的专家Lee首次将HACCP概念用于新鲜和冻结的水产品。

1985年，美国国家科学院建议与食品相关的各政府机构应使用较具科学根据的HACCP方法于稽查工作上，并鉴于HACCP实施于罐头食品成功例子的经验，建议所有执法机构均应采用HACCP方法，对食品加工业应予以强制执行。

1986年，美国国会要求美国国家海洋渔业服务处（National Marine Fisheries Service，NMFS）制定一套以HACCP为基础的水产品业者强制稽查制度。NMFS于是执行了MSSP （Model Seafood Surveillance Project）来制定以HACCP为基础的稽查系统。

由于NMFS在水产品上执行HACCP的成效显著，且在各方面逐渐成熟的条件下，FDA决定将对国内及进口的水产品业者强制要求实施HACCP，于是在1994年1月公布了强制水产品HACCP的实施草案，并且正式公布一年后会正式实施，同时FDA也考虑将HACCP的应用扩展到其他食品上（禽畜产品除外）。

1995年12月，FDA根据“危害分析和关键控制点（HACCP）”的基本原则提出了水产品法规，FDA所提出的水产品法规确保了鱼及鱼制品的安全加工和进口。这些法规强调水产品加工过程中的某些关键性工作要由受过HACCP培训的人来完成，该人负责制定和修改HACCP计划，并审查各项纪录。

1996年7月25日，美国农业部食品安全检查署（FSIS）对国内外肉、禽业颁布了《减少致病菌、危害分析和关键控制点（HACCP）系统最终法规》并于当日生效。1995年1月1日起，凡进入欧盟的水产品除非在HACCP体系下生产，否则对最终产品进行全面测试。1997年国际食品法典委员会颁布了HACCP体系及其应用准则，并被多个国家采用。2001年1月19日，美国FDA对果蔬汁产品实行HACCP原理，生效日期为2002年1月22日。2002年4月19日，中国国家质量监督检验检疫总局发布了第20号令，明确提出了《卫生注册需评审HACCP体系的产品目录》，第一次强制性要求某些食品生产企业建立和实施HACCP管理体系，将HACCP管理体系列为出口食品法规的一部分。

二、食品法典

国际食品法典委员会（CAC）是由联合国粮农组织（FAO）和世界卫生组织（WHO）共同建立，以保障消费者的健康和确保食品贸易公平为宗旨的一个制定国际食品标准的政府间组织。自1961年第11届粮农组织大会和1963年第16届世界卫生大会分别通过了创建CAC的决议以来，已有173个成员国和1个成员国组织（欧盟）加入该组织，覆盖全球99%的人口。CAC下设秘书处、执行委员会、6个地区协调委员会、21个专业委员会和1个政府间特别工作组。所有国际食品法典标准都主要在其各下属委员会中讨论和制定，然后经CAC大会审议后通过。

国际食品法典委员会已成为全球消费者、食品生产和加工者、各国食品管理机构和国际食品贸易重要的基本参照标准。法典对食品生产、加工者的观念以及消费者的意识已产生了巨大影响，并对保护公众健康和维护公平食品贸易做出了不可估量的贡献。

食品法典与国际食品贸易关系密切，针对日益增长的全球市场，特别是作为保护消费者而普遍采用的统一食品标准，食品法典具有明显的优势。因此，实施动物卫生与植物卫生措施协定（SPS）和技术性贸易壁垒协定（TBT）均鼓励采用协调一致的国际食品标准。作为乌拉圭回合多边贸易谈判的产物，SPS协议引用了法典标准、指南及推荐技术标准，以此作为促进国际食品贸易的措施。因此，法典标准已成为在乌拉圭回合协议法律框架内衡量一个国家食品措施和法规是否一致的基准。

CAC关注所有与保护消费者健康和维护公平食品贸易有关的工作。FAO和WHO一向支持与食品有关的科学和技术研究与讨论。正因为如此，国际社会对食品安全和相关事宜的认知已提升到了一个史无前例的高度。在相关食品标准制定方面，食品法典也因此成为唯一的、最重要的国际参考标准。

在全球范围内，广大消费者和大多数政府对食品质量和安全问题的认识在不断提高，同时也充分认识到选择好的食品对健康的重要性。消费者通常会要求其政府采取立法的措施确保只有符合质量标准的安全食品才能销售，并最大限度地降低食源性健康危害风险。CAC通过制定法典标准和对所有有关问题进行探讨，大大地促使食品问题作为一项实质内容列入各国政府的议事工程中。事实上，各国政府十分清楚若不能满足消费者对食品的要求将会带来的政治影响。

CAC工作的最基本准则已得到了社会的广泛支持，那就是人们有权力要求他们所吃的食品是安全优质的。CAC主办的一些国际会议和专业会议在其中发挥了重要的作用，而这些会议本身也影响着委员会的工作，这些会议包括：联合国大会，FAO和WHO关于食品标准、食品中化学物质残留和食品贸易会议（同关税和贸易总协定合办)，FAO/WHO关于营养的国际大会，FAO世界食品高峰会议和WHO世界卫生大会。几十年来，凡参加过这些国际性会议的各国代表已推动或承诺了他们的国家采取措施以确保食品安全和质量。

HACCP是国际公认的食品安全控制体系。认识到HACCP在食品控制中的重要性，CAC第20次大会（瑞士日内瓦，1993年6月28是-7月7日）首次讨论采纳了《HACCP体系应用准则（*Guidelines for the Application of the HACCP System*）》（ALINORM93/13A，APPENDIX Ⅱ）。在该文本基础上形成的《危害分析和关键控制点（HACCP）及其应用准则（*Hazard Analysis and Critical Control Point（HACCP）System and Guidelines for Its Application*）》在CAC第22次大会（瑞士日内瓦，1997年6月23日—6月28日）上经讨论，被采纳成为现行国际推荐食品卫生通则CAC/RCP1-1969Rev.3［1997］，Amd.1999（*Recommended International Code of Practice-General Principles of Food Hygiene*）的附录部分。

CAC CCFH第35次会议建议将上述国际推荐食品卫生通则的相关附录更名为《HACCP体系应用准则（*Draft Revised Guidelines for the Application of the HACCP System*）》（简称“HACCP建议准则”）。CAC第26次大会于2003年6月28是—7月7日在意大利罗马举行，会议通过了包括上述建议准则在内的59个法典标准和相关文本。

第二节 HACCP

一、HACCP原理

HACCP的应用与质量管理体系（如ISO 9000系列）的应用是相容的，是食品安全管理体系中的一个可以选择的体系。HACCP体系运用食品工艺学、微生物学、化学和物理学、质量控制和危险性评价等方面的原理与方法，对整个食品链（从食品原料的种植/饲养、收货、加工、流通至消费过程）中实际存在的和潜在的危害进行危险性评价，找出对终产品的安全（甚至可以包括质量）有重大影响的关键控制点（CCP），并采取相应的预防/控制措施及纠偏措施，在危害发生之前就控制它，从而最大限度地减少那些对消费者具有危害性的不合格产品出现的风险，实现对食品安全、卫生（以及质量）的有效控制。食品法典委员会的下属机构——食品卫生委员会（The Food Hygiene Committee of the Codex Alimentation Commission）——起草了《应用HACCP原理的指导书》，推行HACCP体系，并对HACCP体系中常用的名词术语、发展HACCP体系的基本条件、关键控制点决策树的使用等内容进行了详细的规定，其中包括目前在全世界执行的HACCP七项基本原理：危害分析与预防控制措施、确定关键控制点、建立关键限值、关键控制点的监控、纠正措施、验证程序、记录的保存。

（一）原理一——危害分析与预防控制措施

定义："进行危害分析，列出加工过程中可能发生显著危害的步骤表，并描述预防措施"。

危害分析与预防控制措施是HACCP原理的基础，是第一步工作，根据食品中存在的危害以及相应的控制措施进行分析。但HACCP原理针对产品、工序或工厂具有特异性，进行危害分析时应具体问题具体分析，请专家咨询以及参考有关资料。

1.危害分析

显著危害：极有可能发生，如不加控制有可能导致消费者不可接受的健康或安全风险的危害。

危害分析：根据加工过程的每个工序，分析是否产生显著的危害，并叙述相应的控制措施。

显著危害与危害的区别：

风险性（risk）：显著危害是极有可能发生，如生吃双壳贝类则极有可能会引起天然毒素——麻痹性贝毒（paralytic shellfish poison，PSP）——的中毒，这要依靠专家、经验、流行病学资料以及其他科学技术资料来支持。

严重性（severity）：危害的严重程度至消费者不可接受，如食品添加剂在规定的限量之内，相对的危害程度要小，而致病菌的危害程度就高。

危害分析就是分析出显著的危害加以控制，不能分析出过多的危害，从而失去了重点。

进行危害分析时应将安全问题与一般质量问题区分开。应考虑的涉及安全问题的危害包括细菌、病毒及其毒素、寄生虫和有害生物因子的生物危害；天然的化学物质（霉菌毒素和组胺）、有意加入的化学品（食物添加剂、防腐剂、营养素添加剂、色素添加剂）、无意或偶然加入的化学品（农业上的化学药品、禁用物质、有毒物质和化合物、润滑剂、清洁化合物等）、生产过程中所产生的有害化学物质等化学危害；任何潜在于食品中不常发现的有害异物，如玻璃、金属等物理危害。

2.控制措施

控制措施是预防措施而非纠正措施，即通过预先的行动来防止或消除食品危害的发生或将其危害降到可接受的水平，控制措施主要是针对显著危害而言的。在实践中，可以有很多方法来控制食品危害的发生。有时一个显著危害只需一种控制方法就可以控制，有时可能同时需要几种方法来控制，有时一种方法也可以同时控制几种不同的危害。一般情况下，控制措施有以下几种：

（1）生物危害的控制。对病原性微生物（细菌）的控制可以有以下几种措施：加热和蒸煮，可以使致病菌失活；冷却和冷冻，可以抑制细菌生长；发酵或pH控制，可以抑制部分不耐酸的细菌生长；添加盐或其他防腐剂，可以抑制某些致病菌生长；干燥，通过高温或低温干燥，可以杀死某些致病菌或抑制某些致病菌生长。

源头控制：从非污染区域和合格供应商（如捕捞许可证、检疫证明等）采购食品原料。

（2）化学危害的控制。源头控制：对化学危害的控制有时比控制生物危害更加困难，如农药、兽药的残留问题，一般可考虑从非污染区域和合格供应商采购食品原料，有条件的可以选择通过有机产品认证的食品原料。

加工过程控制：如合理使用食品添加剂。

（3）物理危害的控制。对物理危害的控制：一是靠预防，如通过供应商和原料控制尽可能减少杂质的掺入；二是通过金属探测、磁铁吸附、筛选、空气干燥机等方法控制；三是通过眼看、手摸等方法进行人工挑选。

（二）原理二——确定关键控制点

关键控制点（critical control point，CCP）是指对食品加工过程中的某一点、步骤或工序进行控制后，就可以防止、消除食品安全危害或使其减少到可接受水平。实际中，可能在几个关键控制点上所采取的控制措施都是针对同一个危害的。应用CCP判断树这一逻辑推理方法很容易确定HACCP系统中的关键控制点（CCP）（见图4-1）。对CCP判断树的应用应当灵活，在生产、屠宰、加工、贮存、销售及其他不同的情况下都可应用。CCP判断树应当被用来指导确认哪些是关键控制点。本书中所提出的判断树可能并不一定适合于所有的情况，必要时也可使用其他的方法，为此应在使用CCP判断树之前首先进行培训。如果在某一步骤上对一个确定的危害进行控制，这对保证食品安全是必要的，然而在该步骤及其他步骤上都没有相应的控制措施，那么，对该步骤或其前后步骤的生产或加工工艺必须进行修改，以便使其包括相应的控制措施。此处所指的食品安全危害是显著危害，需要HACCP来控制，即每个显著危害都必须通过一个或多个CCP来控制。

1.关键控制点

关键控制点（CCP）是指进行有效控制危害的加工点、步骤或程序。有效的控制包括防止发生、消除危害和降低到可接受水平。

（1）防止发生：如改变食品中的pH到4.6以下或添加防腐剂，可以使致病性细菌不能生长；冷藏或冷冻能防止细菌生长；改进食品的原料配方，以防止化学危害如食品添加剂危害的发生。

（2）消除危害：加热杀死所有的致病性细菌；冷冻到-38℃可以杀死寄生虫；金属检测器消除物理的危害。

（3）降低到可接受水平：有时候有些危害不能全部、完全防止发生或可消除，只能减少或降低到一定水平。如对于生吃的或半生的贝类，其化学、生物学的危害只能从开放的水域以及捕捞者的控制、贝类管理机构的保证来控制，但这绝不能保证防止发生，也不能消除。

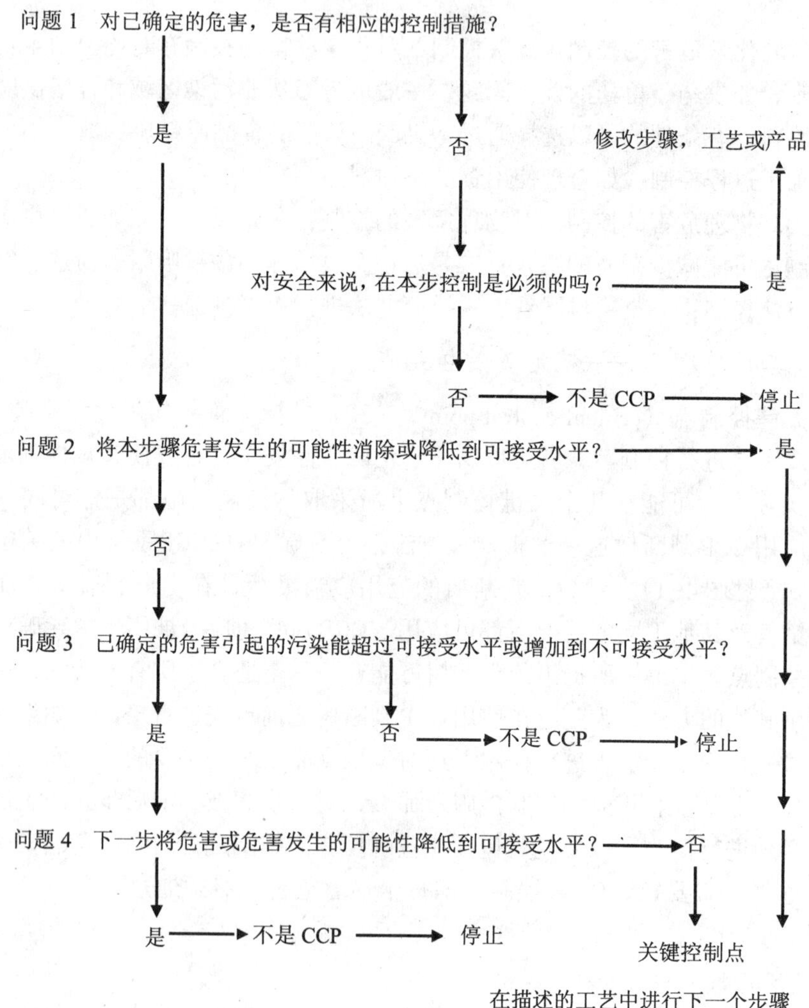

图4-1 CCP判断树

2.控制点

控制点（control point，CP）指能控制生物、物理或化学因素的任何点、步骤或工序。控制点（CP）可包括所有的问题，而CCP只是控制安全危害。在加工过程中许多点可以定为控制点，而不一定为CCP，控制点是对于质量（如风味、色泽）等非安全危害的控制点。企业可以根据自己的情况，对有关质量方面的CP通过TQA、TQC或ISO 9000来进行控制。

但应注意，控制太多的点就失去了重点，会削弱影响食品安全的CCP的控制。关键控制点肯定是控制点，“但并不是所有的控制点都是关键控制点。

3. CCP判断树 （CCP decision tree）

通过上面所进行的危害分析，我们已知道什么是显著危害，以及采取什么样的预防措施来防止危害发生。但是危害介入的步骤，不一定就在该加工步骤进行控制，而可能在随后步骤或工序上控制其危害，那么后面的工序就是CCP。确定CCP容易混淆，可用CCP判断树来确定CCP。图4-1为CCP判断树。

判断树由四个连续问题组成：

问题1，在加工过程中存在的确定的显著危害，是否在这步或后步的工序中有预防措施？如果有，回答问题2；如果无，则回答是否有必要在这步控制食品安全危害。如果回答“否”，则不是CCP；如果回答“是”，则说明加工工艺、原料或原因不能控制保证必要的食品安全，应重新改进产品等设计，包括预防措施。另外只有显著危害，而又没有预防措施，则不是CCP，需改进。

但有些情况，的确没有合适的预防措施。这种情况进一步说明HACCP不能保证100%的食品安全。

问题2，这一加工步骤是否能消除可能发生的显著危害或降低到一定水平(可接受水平)？如果回答“是”，还应考虑一下，这步是否最佳，如果是，则是CCP；如果回答“否”，则回答问题3。

问题3，是否已确定的危害能影响判定产品的可接受水平，或者这些危害会增加产品的不可接受水平？ 如果回答“否”，则不是CCP，应主要考虑危害的污染或介入，即是否存在或是否要发生或是否要增加；如果回答“是”，继续回答问题4。

问题4，是否下边的工序能消除已确定的危害或减少到可接受的水平？如回答“否”，这一步是CCP；如回答“是”，这一步不是CCP，而下道工序才是CCP。CCP或HACCP具有产品、加工过程特异性，因此CCP具有可以改变的特性。对于已确定的关键点，如果出现工厂位置、配方、加工过程、仪器设备、配料供方、卫生控制和其他支持性计划改变以及用户的改变，CCP都可能发生改变。

另外，一个CCP可能可以控制多个危害，如加热可以消灭致病性细菌以及寄生虫；冷冻、冷藏可以防止致病性微生物生长和组胺的生成。而反过来，有些危害则需多个CCP来控制，如鲭鱼罐头，在原料收购、缓化、切台时，需要三个

CCP来控制其组胺的形成。

（三）原理三——建立关键限值

定义："为每一个有关CCP的预防建立关键限值"。

1.关键限值（critical limits，CL）

关键限值是与一个CCP相联系的每个预防措施所必须满足的标准。一个关键限值（CL）是用来保证一个操作生产出安全产品的界限，每个CCP必须有一个或多个关键限值用于显著危害，当加工偏离了关键限值，可能导致产品的不安全，因此必须采取纠偏行动保证食品安全。

关键限值有两种类型，一类关键限值为所设定的含量或水平的上限，另一类关键限值是能满足降低到安全效果的最小值。关键限值的设立是为了满足食品的安全而不是质量。例如对于冷冻禽肉的贮存和运输过程，保证环境温度在5℃以下就可以，虽然这一温度不能够将禽肉冷冻，但能阻止细菌的生长。

合适的关键限值可以从科学刊物、法规性指标、专家及实验室研究等渠道收集信息，也可以通过实验和经验的结合来确定。

建立CL应做到合理、适宜、适用和可操作性强。如果标准过严，则会造成即使没有发生影响到食品安全危害，也要去采取纠正措施；如果标准过松，又会产生不安全的产品。好的CL应该是直观、易于监测、仅基于食品安全、能使只出现少量被销毁或处理的产品就可采取纠正措施、不能违背法规、不能打破常规方式，也不是卫生规范要求或质量保证措施。

微生物污染在食品加工中是经常发生的，但设一个微生物限度作为一个生产过程中的CCP的关键限值是不可行的，微生物限度很难控制，而且确定偏离关键限值的试验可能需要几天时间，并且样品可能需要很多才会有意义，所以设立微生物关键限值由于时间的原因不能被用于监控。通常可以通过温度、酸度、水分活度、盐度等来控制微生物的繁殖和污染。

2.操作限值（operation limits，OL）

OL是比CL更严格的限度，是操作人员用以降低偏离风险的标准。如果监控说明CCP有失控的趋势，操作人员应采取措施，在超过关键限值之前使CL得到控制，操作人员采取这样一种措施的名称为操作限值（OL）。OL应当确立在CL被违反之前所达到的水平。OL与CL不能混淆。

OL可以根据各种理由选择。从质量方面考虑，例如提高油温以后既可以改进食品风味，又可以控制微生物。避免超出CL，如高于OL的烹饪温度应当用来提醒操作人员温度已接近CL，需要进行调整。考虑正常的误差，如油炸锅温度最小偏差为2℃，OL确定比CL相差至少大于2℃，否则无法操作。

某工厂CCP油炸工序的关键限值为：油温≥105℃、时间≥3min，以确保肉丸中心温度≥66℃并维持1min。设立的操作限值为油温≥110℃、时间≥3.5min。

加工工序应当在超过OL时进行调整，以避免违反CL，这些措施称为加工调整。加工人员可以使用加工调整以避免失控和采取纠偏行动的必要，及早地发现失控的趋势，并采取行动，可以防止产品返工或造成废品，只有在超出CL时才能采取纠偏行动。

（四）原理四——关键控制点的监控

定义："建立HACCP监控要求，建立根据监控结果的加工调整和维持控制的过程"。

监控（monitoring）是指按照制订的计划进行观察或测量来判定一个CCP是否处于受控之下，并且准确真实地进行记录，用于以后的验证。

通过危害分析和预防措施确定了关键控制点（CCP），为每个CCP建立关键限值和操作限值后，接下来需要建立文件化的监控程序，对每个CCP点对应的关键限值和操作限值进行定期的测量或观察，以评估一个CCP是否受控，并根据监控值的变化趋势及时采取相应措施，如加工调整或采取纠正措施。

1.监控目的

监控目的包括：记录、追踪加工操作过程，使其在CL范围之内；确定CCP是否失控或是否偏离CL，进而采取纠正措施；是一个记录说明产品在符合HACCP计划要求下生产的，即加工控制系统的支持性文件，而且在验证时特别是官方的审核验证时是非常有用的资料。

2.监控程序的内容

监控程序的内容包括监控对象、监控方法、监控频率以及监控人员。

在监控程序中要规定控制的目标，也就是监控对象。例如，当对温度敏感成分是关键时，则对温度进行测定；当酸化是食品生产的关键时，则测量酸性成分的pH；当加热或冷却过程是关键时，则温度和传送速度为监控对象。监控对象可以包括观察对一个CCP的预防措施是否实施。例如，检查原料供应商的许可证；检查软体贝类原料容器上标签所记的捕捞海域，确定是否来自未批准的捕捞区域等。

在监控方法中，要规定为达到控制目标所使用的方法以及仪器设备。监控必须提供快速的或即时的结果。而微生物学实验则既费时又费样品而且代表性意义不大，一般不作为监控方法，大多在验证和产品检验时进行微生物学方法检验。

以前的HACCP研究中大都仍采取微生物学监测，一般采用快速细菌分析仪等从快速检验方法着手解决时间问题。随着物理、化学方法的发展，快速、简单的物理、化学测量成为很好的监控方法，而且通过化学的、物理的监控还相应地控制了微生物，当然这需要有科学依据以及实验结果、专家评审等支持性文件。

一般常用的测量仪器有温度计（自动或人工）、钟表、pH计、水分活度计（A_w）、盐量计、传感器以及分析仪器。测量仪器的精度、相应的环境以及校验都必须符合相应的要求或被监控的要求。由于测量仪器产生的误差，在制定CL值时应加以充分考虑。

在监控程序中应规定监控频率。监控可以是连续的，也可以是非连续的。当然连续监控最好，如自动温度记录仪、时间记录仪、金属探测仪，因为这样一旦出现偏离或异常，偏离操作界限就采取加工调整，一旦偏离关键界限就采取纠正措施。例如，采用温度记录仪可以对蟹肉巴氏杀菌全过程的温度/时间实现监控和记录，采用金属探测器对产品进行金属杂质的连续监控等。应注意，连续检测仪器的本身也应定期查看，自动记录的监控周期越短越好，因为它影响产品的返工和损失，监控这些自动记录的周期至少能使不正常的产品进入装运前就能被分离出来。有的自动监测设备同时装有报警装置，就不影响产品的安全，不用人工监控自动记录。

当不可能连续监控一个CCP时，例如罐内最大装罐量、初温的监控等，缩短监控的时间间隔，对监控可能发生的关键限值和操作限值的偏离是很有效的一种手段。

制订HACCP计划时，明确监控人员以及监控责任是另一个重要的考虑因素。从事CCP监控的人员可以是流水线上的人员、设备操作者、监督员、维修人员或质量保证人员。作业的现场人员进行监控是比较合适的，因为这些人在连续观察产品的生产和设备的动作中，能容易地发现异常情况。同时，HACCP活动中有现场人员参与，有利于HACCP计划的理解和执行。CCP监控人员必须满足：①受过CCP监控技术的培训；②充分理解CCP监控的重要性；③在监控的方便岗位上作业；④能对监控活动提供准确报告；⑤能及时报告CL值偏离情况，以便迅速采取纠正措施。

监控人员的责任是及时记录监控结果、报告异常事件和CL值偏离情况，以便采取加工过程调整或纠正措施。所有CCP的有关记录必须有监控人员的签名。

另外，在监控程序中应规定审核负责人，审核人员负责对监控记录进行审核，并在审核记录上签字。监控记录必须予以保存，它可以用来证明产品是在符合HACCP计划要求的条件下生产的，同时，为将来的验证提供必需的资料。

（五）原理五——纠正措施

定义："当从关键限值发生偏离时，要采取纠偏行动"。

纠正措施是在关键控制点（CCP）上，监控结果表明失控时所采取的任何措施。它由两部分组成，即纠正和消除偏离的原因，使CCP恢复控制，防止偏离再发生，必要时，调整加工工艺，修改HACCP体系；隔离、评估发生偏离期间生产的产品，并进行处置。

纠正措施的目的是必须使CCP重新受控。纠正措施既应考虑眼前须解决的问题，又要提供长期的解决办法。眼前方法主要用于恢复控制，并使加工在不再出现CL值偏离或出现意料之下重新开始，但仍须确定偏离的原因，防止其再次发生。如果CL值屡有偏离或出现意料外的偏离时，应调整加工工艺或重新评估HACCP计划，看其是否完善，必要时，修改HACCP计划，彻底消除使加工出现偏差的原因或使这些原因尽可能减到最小。对所采取的纠正措施必须及时进行内部沟通，使工人得到纠正措施的明确批示。而且这些指示应当成为HACCP计划的一部分，并记录在案。

对在加工出现偏差时所生产的产品必须进行确认和隔离，并确定处理这些产品的方法。这一点不同于加工调整，加工调整不涉及产品。可以通过以下四个步骤对产品进行处理或用于制订相应的纠正措施计划：①确定产品是否存在安全方面的危害，根据专家的评估，或根据物理的、化学的、微生物的测试（注意取样方法必须有代表性）；②根据以上评估，如产品不存在危害，可以解除隔离和扣留，放行出厂；③根据第一步评估，如产品存在潜在的危害，则确定产品可否再加工、再杀菌，或改作其他目的的安全使用；④如不能按上一步骤进行处理，产品必须予以销毁。

纠正措施应由对过程、产品和HACCP计划有全面理解、有权力做出决定的人来负责实施。如有可能的话，在现场纠正问题会带来满意的结果。有效的纠正措施依赖于充分的监控程序。

纠正措施记录：HACCP计划应该包含一份独立的文件，其中所有的偏离和相应的纠正措施应以一定的格式进行记录。记录可以帮助企业确认再发生的问题和HACCP计划被修改的必要性。另外，纠正措施记录提供了产品处理的证明。记录可采用纠正措施报告表的形式。纠正措施记录应该包含以下内容：产品确认（如产品描述、隔离扣留产品的数量）；偏离的描述；所采取的纠正措施，包括受影响产品的最终处理方式；采取纠正措施的负责人的姓名；必要时要有评估的结果。

（六）原理六——验证程序

定义：“制定程序来验证HACCP体系的正确运作”。

验证是指除了监控方法以外，用来确定HACCP体系是否按照HACCP计划运作或者计划是否需要修改以及再被确认生效使用的方法、程序、检测及审核手段。HACCP验证的主要内容包括四个方面：一是HACCP计划的确认；二是CCP点的验证；三是HACCP体系的验证；四是微生物抽样验证。

1.HACCP计划的确认

HACCP计划的确认包括对如下内容的复查与确认：危害分析工作单、CCP点的确定与建立CL的依据、监控方法的确定、纠偏措施的确定、记录的真实性和合理性及记录的保存和验证活动的确认。

2.CCP点的验证

CCP点的验证包括设备准确性及校对记录的验证检查，CCP点的监控记录复查验证，现场操作验证并进行相关CCP监控人员的考核和设备的检查。此外，针对一些食品安全的指标要求，抽取部分代表性的样品进行针对性取样验证。

3.HACCP体系的验证

HACCP体系的验证包括：检查产品说明和生产流程图与现场是否一致；检查CCP是否按HACCP计划要求被监控；检查工艺过程在确定的CL内操作；检查记录是否按监控规定时间来完成的；监控活动在HACCP计划规定的监控位置现场执行；监控活动按HACCP规定的频率执行；监控表明发生CL偏离时采取了纠偏行动，纠偏行动按制定的纠偏措施进行纠偏；监控设备按HACCP计划规定频率进行校准；半成品及成品检验结果是否符合标准要求；HACCP计划发布至今未发生关键控制点偏离情况和检查监控设备的校准。

4.微生物抽样验证

微生物抽样验证包括成品、半成品、原辅材料等投入品及过程表面样品的微生物抽样检测。通过以上验证检查，全部项目在HACCP计划的控制内有效地运行，实施的HACCP计划是建立在科学的基础上，并完全控制产品工艺过程中的危害，才能证明实施的HACCP计划是有效的，完全确保食品安全的质量管理体系。

（七）原理七——记录的保存

定义：“建立有效的记录保持程序，以文件证明HACCP体系”。

“没有记录就等于没有发生”。准确的记录保持是一个成功的HACCP计划的重要部分。记录可以提供关键限值得到满足或当偏离关键限值时采取的适宜的纠偏行动。同样地，也提供一个监控手段，这样可以调整加工，防止失去控制。

1.记录的要求

总的要求：所有记录都必须至少包括以下内容：加工者或供应商的名称和地址，记录所反映的工作日期和时间，操作者的签字或署名，适当的时间，产品的特性以及代码，加工过程或其他信息资料。

记录的保存期限：对于冷藏产品，一般至少保存一年；对于冷冻或性质稳定的商品应至少保存两年；对于其他说明加工设备，加工工艺等方面的研究报告、科学评估的结果应至少保存两年。

可以采用计算机保存记录，但要求保证数据完整如一。

2.应该保存的记录

检验记录，最终产品和中间产品的检验记录需要保存，HACCP计划以及其他支持性材料也应保存。

3.记录审核

作为验证程序的一部分，在建立和实施HACCP时，加工企业应根据要求，经过培训合格的人员应对所有CCP监控记录、采取的纠正措施记录、加工控制检验设备的校正记录和中间产品、最终产品的检验记录，进行定期审核。

监控记录：HACCP监控记录是证明CCP处于受控状态的最原始的材料，作为管理工具，使CCP符合HACCP计划要求。监控记录应该记录实际发生的事实，完整、准确、真实，而且应该至少每周审核一次，并签字，注明日期。

纠正措施记录：一旦出现偏离CL，应立即采取纠正措施。采取纠正措施就是消除、纠正产生偏差的原因，并将CCP返回到受控状态，隔离分析，处理在偏离期间生产的受影响的产品，必要时应验证纠正措施的有效性。记录这些活动是必要的，审核时主要判定是否按照HACCP计划去执行，应在实施后的一周内完成审核。

验证记录：对以下情况的记录应予以审核，如修改HACCP计划（原料、配方、设备、包装、运输）；加工者评审对供应方附保证或证书验证的记录，如原料来源，附有证书或保函；验证监控设备的准确度以及校验记录；微生物学试验结果，中间产品、最终产品的微生物分析结果；现场检查结果等。对验证记录的评审没有明显的时间限定，只是要在合理的时间内进行审核。

二、HACCP计划

推行HACCP计划具有十二个基础步骤，见图4-2。

（一）组成一个HACCP小组

HACCP小组是建立HACCP计划的重要步骤，它能减少风险，避免关键控制点被错过或某些操作过程被误解。

1.HACCP小组的主要职责

HACCP小组承担着制订HACCP计划，编写HACCP文件，依据关键限值验证偏离，对HACCP计划进行内部审核，在HACCP系统运行过程中沟通、教育与培训员工等验证和实施HACCP体系的职责。

为了确保HACCP小组成员能完全理解HACCP原理，并有效开展相关活动，对HACCP小组成员的培训是非常重要的。

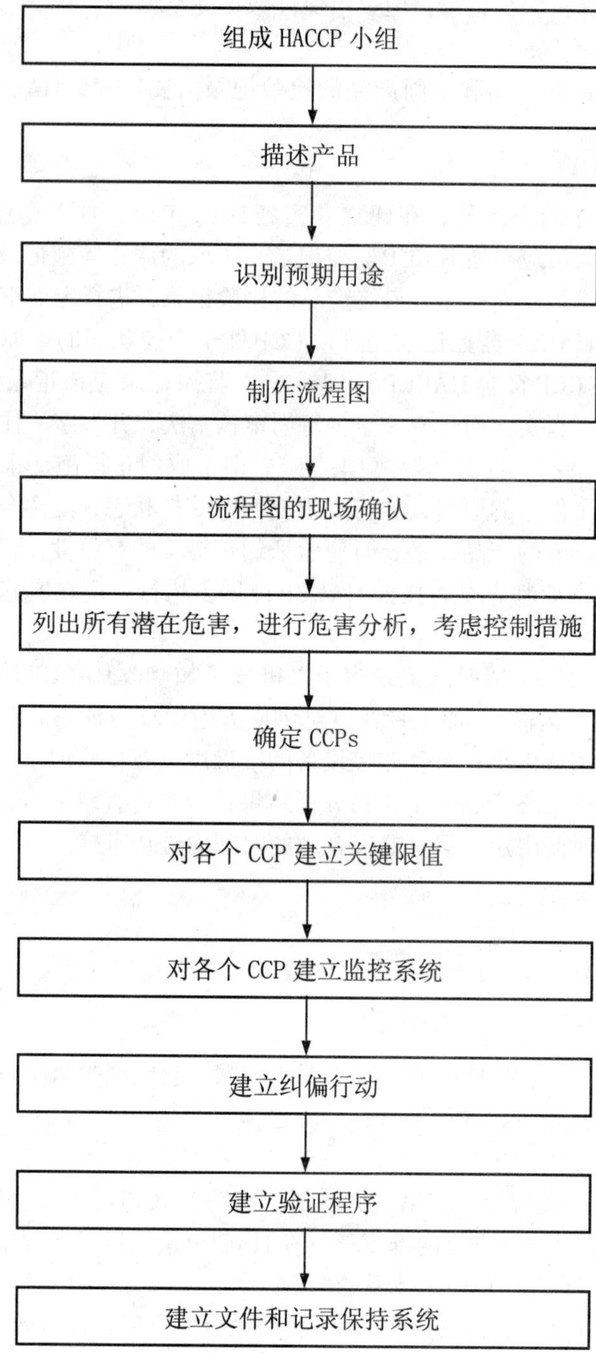

图 4-2　HACCP 应用的逻辑顺序

2.HACCP小组的组长资格

HACCP小组组长应该具备的资格包括：有食品加工生产的实际工作经验；具有微生物学及食源性疾病的基本知识；对良好的环境卫生、良好的生产规范以及工业化生产有科学的理解；了解与本企业产品有关的各类危害以及控制措施；了解食品加工设备基本知识；有有效的表达和组织能力，确保HACCP小组成员完全理解HACCP计划。

3.HACCP小组成员的组成

考虑到危害分析和HACCP计划的制订所需要的专业知识，建立HACCP小组要有对产品和加工有专门知识的人员和熟悉生产的现场人员，考虑到整个体系的有效运行需要各个部门之间的配合，建立HACCP小组需要包括企业内的各个主要部门的代表，包括来自维护、生产、卫生、质量控制等以及日常操作的人员。

4.HACCP小组的特殊人员——专家

由于危害分析需要有大量的专业技术信息作为支持，企业往往需要有对该行业熟悉的专家来作为危害分析的技术后盾。这样的专家可以是企业内部的，也可以是外部的。专家不仅要完成危害分析的技术工作，还要帮助企业验证危害分析和HACCP计划的完整性。专家应当能正确地进行危害分析；能识别潜在危害以及必须控制的危害；推荐控制方法、关键限值、监控、验证程序、纠偏行动；如缺乏重要信息，能指导企业开展相关的HACCP计划的研究工作；确认HACCP计划。

HACCP小组应当积极同专家开展配合工作，同时也不能一味地依赖专家来进行HACCP计划的制订。毕竟外来专家熟悉的是行业层次上所呈现的技术问题，但是任何一家食品企业也都有自己企业的特殊条件、工艺和环境，不能一劳永逸地套用某一个行业模式。

（二）产品描述

HACCP小组的最终目标是为生产中的每个产品及其生产线制订一个HACCP计划，因此小组首先要对特定的产品进行描述。描述食品至少应包括以下内容：品名（包括商品名以及最终产品的形式）、加工流水线、食品的成分、加工的方法、主要参数、包装形式、销售和贮存方式。

（三）产品预期用途

产品的预期用途应以用户和消费者为基础，HACCP小组应详细说明产品的销售地点，目标群体，特别是能否供敏感人群使用。产品描述见表4-1中的范例。

表4-1 产品描述

加工类产品类型名称：无菌果汁

产品名称	浓缩苹果汁
重要产品特性（水分活度、pH、盐、防腐剂等）	水分活度:0.97
	pH 为 3.6～4.5
	无防腐剂
	添加维生素C、有机酸
用途	即时饮用
包装	四面体多层纸板密闭包装（塑料、金属薄片、纸）
货架寿命	室温（20℃）保存10个月
销售地点	通过零售、宾馆、餐馆、学校销售给普通人群，包括婴儿、老人、病人及免疫缺陷的体质较弱人群
标签说明	开口后冷藏保存，无安全要求
特殊的分销控制	运输/贮藏温度范围为5～20℃，适当的贮藏控制

确定预期用途和消费者的原因在于，不同用途和不同消费者对食品安全的要求不同。例如，对即食食品而言，某些病原体的存在可能是显著危害；但对消费前需要加热的食品而言，这些病原体就不是显著危害了。又如，有的消费者对SO_2，有过敏反应，有的则没有这种过敏反应，因此，如果食品中含有SO_2，就需要注明，以免具有过敏反应的消费者误食。

目前有5种敏感或已受伤害的人群——婴儿、老人、病人、孕妇及免疫缺陷的体质较弱人群，对某些危害特别敏感。例如，李斯特菌可导致流产，如果产品中可能带有李斯特菌，就应在产品标签上注明“孕妇不宜食用”。

（四）绘制生产流程图

加工流程图是用简单的方框或符号，清晰、简明地描述从原料接收到产品贮运的整个加工过程，以及有关配料等辅助加工步骤。流程图覆盖加工的所有步骤和环节，给HACCP小组和验证审核人员提供了重要的视觉工具。流程图由HACCP小组绘制，HACCP小组可以利用它来完成制订HACCP计划的其余步骤。

需要提醒的是，流程图从原料、辅料以及包装材料开始绘制，随着原料进入工厂，将先后的加工步骤逐一全部列出。HACCP小组应把所有的过程、参数标注到流程图中，或单独编制一份加工工艺说明，以助于危害分析。

（五）现场验证生产流程图

流程图的精确性对危害分析的准确性和完整性是非常关键的。在流程图中列出的步骤必须在加工现场被验证。如果某一步骤被疏忽将有可能导致显著的安全危害。

HACCP小组必须通过在现场观察操作，来确定他们制定的流程图与实际生产是否一致。HACCP小组还应考虑所有的加工工序及流程，包括班次不同造成的差异。通过这种深入调查，可以使每个小组成员对产品的加工过程有全面的了解。

在完成前六项步骤后，列出每一生产步骤中的所有潜在危害，并进行危害分析，考虑所有显著危害的控制措施；确定关键控制点；针对每个关键控制点建立关键限值；建立相应的监控程序；建立纠偏程序；建立验证程序；建立文件并保存记录。

三、HACCP的审核

（一）审核相关术语

根据《HACCP体系通用评价准则》以及CNAN、CNAT的有关文件的规定，与审核有关的术语和定义如下：

审核（audit）：为获得审核证据，对其进行客观的评价，以确定满足审核准则的程度所进行的系统的、独立的并形成文件的过程。

审核准则（audit criteria）：一组方针、程序或要求。审核准则是用于审核证据进行比较的依据。

审核证据（audit evidence）：与审核准则有关的并且能够证实的记录、事实陈述或其他信息。审核证据是定性的或定量的。

审核发现（audit findings）：将收集到的审核证据对照审核准则进行评价的结果。审核发现能表明符合或不符合审核准则，或指出改进的机会。

审核结论（audit conclusion）：审核组考虑了审核目标和所有审核发现后得出的最终审核结果。

审核委托方（audit client）：要求审核的组织或人员。审核委托方可以是受审核方，也可以是依据法律或合同有权要求审核的任何其他组织。

受审核方（auditee）：被审核的组织。

审核员（auditor）：有能力实施审核的人员。

审核组（audit team）：实施审核的一名或多名审核员。审核组中的一名审核员为审核组长，审核组必须具备一名专业审核员，审核组可包括实习审核员。

审核方案（audit program）：针对特定时间段所策划，并具有特定目的的一组

（一次或多次）审核。审核方案包括策划、组织和实施审核的所有必要的活动。

审核计划（audit plan）：对一次审核活动和安排的描述。

审核范围（audit scope）：审核的内容和界限。审核范围通常包括对实际位置、组织单元、活动和过程以及所覆盖的时期的描述。

能力（competence）：经证实的个人素质以及经证实的应用知识和技能的本领。

跟踪审核（follow-up audit）：审核过程中发现不符合项后对其纠正措施情况及效果的验证活动。

监督审核（surveillance）：对获得认证发证的组织，在证书有效期内进行周期性的审核活动。

复审换证（re-audit）：认证证书有效期满，由认证机构组织复审，复审合格后，换发HACCP认证证书的活动。

（二）审核类型

根据审核实施的主体不同，审核可分为第一方审核（外部审核）、第二方审核和第三方审核（外部审核）；根据审核实施的方式不同，又可分为结合审核（如食品安全管理体系和质量管理体系一起被审核）、联合审核（指两个或两个以上审核组织合作，共同审核同一个受审核方）。内部审核有时称第一方审核，主要用于管理评审和其他内部目的，由组织自身或以组织的名义进行，可作为组织自我合格声明的基础。外部审核包括通常所说的“第二方审核”和“第三方审核”。第二方审核指由组织的相关方（如顾客）或由其他人员以相关方的名义进行的审核。第三方审核由外部独立的组织进行，这类组织提供符合要求的认证或注册。

1.第一方审核

第一方审核通常称为内部审核。其实施的主要原因或作用有：食品，安全管理体系准则的要求；增强满足食品安全卫生要求的能力，旨在顾客满意和符合法律规范要求；在接受外部审核前，及时采取纠正/预防措施；推动组织食品安全管理体系持续改进。

内部审核的人员常来自组织内部，一般是组织实施、保持、持续改进食品安全管理体系的骨干力量。他们对组织的情况比较了解，也了解应该做什么、如何做、做到何种程度，因而能更清楚地感觉到应产生的结果和需要改进的地方；审核方式得当，内容明晰，针对性强，将为改进和完善食品安全管理体系提供必要的手段和方法。在许多情况下，尤其在小型组织内，内部审核可以由与受审核活动无责任关系的人员进行，以证实独立性。

内部审核过程也是验证过程，验证过程应客观评价体系的运行状况、是否符合策划及审核准则的要求，积极提供纠正、预防和改进措施的建议。内部审核的结果是管理评审活动输入的一部分，它可为改进食品安全管理体系提供更多的信息和机会。

2.第二方审核

第二方审核是由组织的顾客或由其他人以顾客的名义进行的审核。审核依据更注重双方签订的合同要求。审核的结果通常作为顾客决定购买的因素。

实施第二方审核的主要原因和作用有：食品安全管理体系准则要求；为确保产品符合规定的采购要求和相关国家的法律法规要求；为了"供应链"的协调一致，建立互利的供方关系。

第二方审核按照不同的审核情况，又可分为正式审核、非正式审核、供方评价、预先调查和未经宣布的审核，通过审核可提供对组织的信任，建立业务关系。在制定第二方审核方案时，应根据合同/协议的需要、相关方的有关程序规定执行。

3.第三方审核

第三方审核基于自愿申请的原则，审核依据是相关的HACCP标准或法律法规等经确定的审核准则。第三方审核由外部独立的组织进行，这类组织通常是经认可的，可提供符合要求的认证或注册。

第三方审核的目的是为了获得认证或注册，以此可以为现有的、潜在的顾客提供信任，扩大影响，减少不必要的重复检查，节省贸易双方的检查费用和人员精力。由于第三方审核的独立性更强，且已走向了职业化、专业化的轨道，这无疑对推动组织改进管理工作是有益的。随着认证制度的发展，这种审核方式已被越来越多的国家和地区所采用。

实施第三方审核的主要原因和作用：获得第三方认证/注册机构依据相关的食品安全管理体系标准对其组织满足顾客及适用法律法规要求能力的证实；避免过多的第二方审核，减少组织和顾客双方不必要的费用；改进组织的食品安全管理体系；提高组织信誉，增强市场竞争能力。

第三方审核对受审核方不提出如何改进的建议。在第三方审核中，审核员如被要求为其提出有关建议时，应向受审核方清楚地说明，鉴于第三方审核的独立、公正地位，决定了审核员不应提出如何改进的建议。

第三方审核的HACCP认证机构是根据ISO/IEC导则62（CNAB-ACIL），及其应用指南的规定，并经国家认可机构按规定的认可程序进行认可和注册，具有明确法律地位的、独立的第三方公证机构来实施。从事第三方认证审核的审核员须符合审核员注册准则规定，并经国家审核员注册机构按规定的认可程序批准/注册。

受审核方食品安全管理体系经第三方认证证实符合要求，认证机构将签发食品安全管理体系认证证书。总体来看，内部审核与外部审核的主要异同点如表4-2所示。

表4-2　内部审核与外部审核的异同点

项目	第一方审核	第二方审核	第三方审核
相同点	同属体系审核的范围 以有关法律法规和标准作为审核准则 由独立于受审核方之外的审核员进行审核 审核内容为组织的GMP、SSOP、HACCP计划和实施情况与记录，以确定体系的符合性和有效性		
审核的目的	为了改进自身的食品安全管理体系，提高自身安全控制水平	往往是为了决定是否批准签订购货合同	决定是否批准对某一组织的认证注册
审核的重点	发现问题，采取纠正措施	寻找与审核依据相符合的客观证据	
审核所依据的文件次序	食品安全管理体系文件、法律法规、顾客合同	合同要求、相关标准、法律法规、食品安全管理体系文件	通用标准、法律法规、食品安全管理体系文件、合同要求
审核员来源	来自组织	来自组织的顾客或其代表	来自独立的认证机构
审核范围和审核时间	审核范围由组织最高管理者确定，按照计划的时间间隔进行	审核范围主要由顾客决定，按合同约定的审核范围和供需双方的协议时间进行	由审核组长与受审核方共同确定。一般注册认证或复审换证为全面审核，监督审核、跟踪审核为部分审核。审核时间按照认证认可机构的有关规定执行
审核结果对被审核方的影响	自我验证、并提出改进建议，因而是实现被审核方体系持续改进的需要，也是HACCP原理的要求，所以影响较大	审核结果对被审核方的影响力往往取决于合同及顾客的管理水平	对被审核方不得提出改进建议，审核结果影响主要表现在组织食品安全管理体系实施水平和对组织经营的潜在影响方面

（三）审核原则

审核的特征在于其遵循若干原则。这些原则使审核成为支持管理方针和控制的有效而可靠的工具，并为组织提供可以改进其绩效的信息。遵循这些原则是得出相应和充分的审核结论的前提，也是审核员独立工作时，在相似的情况下得出相似结论的前提。

1.与审核员有关的原则

这些原则包括道德行为、公正表达、职业素养。

道德行为是职业的基础。诚信、正直、保守秘密和谨慎，对审核而言是最基本的要求，也是审核员的职业道德。

审核员应具备相应的个人素质，具备教育、培训、相应专业工作经历和审核经验。对预定审核对象的范围、目的和审核标准、依据应事先明确，达成一致意见，才能真实和准确地实施审核活动。

2.与审核有关的原则

这些原则有独立性和基于证据的方法。

（1）独立性。由审核的独立性产生审核的公正性和审核结论的客观性，独立性是审核原则的基础。

审核机构和审核人员须保持独立性、公正性，并避免利益冲突。审核应由与被审核领域无直接责任关系的人员进行。审核员应独立于受审核的活动，避免感情用事和个人偏见的影响，没有利益上的冲突。审核员在审核过程中应保持客观的心态，以保证审核发现和结论仅建立在审核证据的基础上。审核的独立公正性还表现在对审核证据的收集、分析和评价是客观的、公正的，避免任何外来因素及审核员自身因素的影响。

（2）基于证据的方法。在一个系统审核过程中，得出可信的和可重现的审核结论的合理方法。

客观证据是指“支持事物存在或其真实性的数据”。可通过观察、测量、试验或其他手段获得。审核员在审核过程中的主要精力和任务应放在收集有关客观证据上，收集到的客观证据的形式有存在的客观事实、现有的文件、记录、被访问人员本职工作范围内的陈述、组织的产品等。

审核证据是可证实的。由于审核是在有限的时间内并在有限的资源条件下进行的，因此审核证据是建立在可获得的信息样本的基础上。抽样的合理性与审核结论的可信性密切相关。由于审核结论是建立在客观证据的基础之上的，这样就形成了审核的一致性。即由彼此独立的审核组对同一对象审核，应得出相类似的结论。为了保持审核实施的一致性和有效性以及审核结论的可行性，审核方应对审核方案进行策划和管理，审核管理应包括：审核目的、范围和准则的确定；审核职责、资源和程序的确定；审核的实施、监督、评审和改进；记录的保存。审核过程应符合程序规定，审核结论可信。

（四）审核特点

概括起来，食品安全管理体系审核的特点有以下几个方面：被审核的食品安全管理体系文件化；食品安全管理体系审核必须是一种正式、有序的活动；食品安全管理体系审核必须具有系统性和独立性并形成文件；食品安全管理体系审核是一个抽样的过程。

被审核的食品安全管理体系文件化。所建立的食品安全管理体系只有文件化，才能规范运作，才有比较和评价的可能。文件化的食品安全管理体系是审核对象的必要条件。

食品安全管理体系审核必须是一种正式、有序的活动。食品安全管理体系审核的“正式、有序”性主要体现在：无论是外部审核还是内部审核，都需经过相关的管理者/委托方授权和批准，并符合合同或法律法规要求才能进行。食品安全管理体系审核有规范的程序和方法。从审核的策划和准备，到审核的实施及纠正措施的跟踪验证都有规范的程序和做法。审核工作必须由经过培训且经资格认可的人员进行。不管是外部审核还是内部审核，审核人员都需经过正规的培训并取得相应的资格才能进行审核工作。审核必须形成书面的文件。审核计划、检查表、审核记录、问题报告、不符合项、审核报告等都要形成书面文件。

食品安全管理体系审核必须具有系统性和独立性，并形成文件。审核的客观性、独立性和系统性是开展审核的三个核心原则。客观性是指审核员要以充分确凿的证据为基础，公正、客观地评价审核对象，不能偏见、主观地给出审核结论。独立性是指审核员要与被审核的领域无直接责任关系。在外部审核中，审核员应与受审核方无任何利益关系；在内部审核中，一般来说本部门人员不能审核本部门。系统性是指审核员要按规定的程序全面地审核和评价与审核对象有关的各项活动和结果。

食品安全管理体系审核是一个抽样的过程。由于时间和人员的限制以及体系运行的连续性，审核工作要在规定的时间内完成对体系各个方面的审核工作，只能采取抽样检查的方法。抽样应做到随机抽样，要有代表性，能真实地反映受审核方食品安全管理体系的实际状况。部门和体系要素不能抽样。

（五）审核方案的管理

审核方案指针对特定时间段所策划，并具有特定目的的一组（一次或多次）审核，包括策划、组织和实施审核的所有必要的活动。认证机构或实施食品安全管理体系的组织应制定审核方案。根据受审核方的规模、性质和复杂程度，审核方案可以包括一次或多次审核，包括对审核的类型和数目进行策划和组织，以及在规定的时间框架内为有效和高效地实施审核提供必要的活动。

认证机构或组织的最高管理者应对食品安全管理体系审核方案的管理进行授权。负责管理审核方案的人员应当建立、实施、监视、评审与改进审核方案，同时识别并确保提供必要的资源。按照图4-3所示流程管理审核方案。

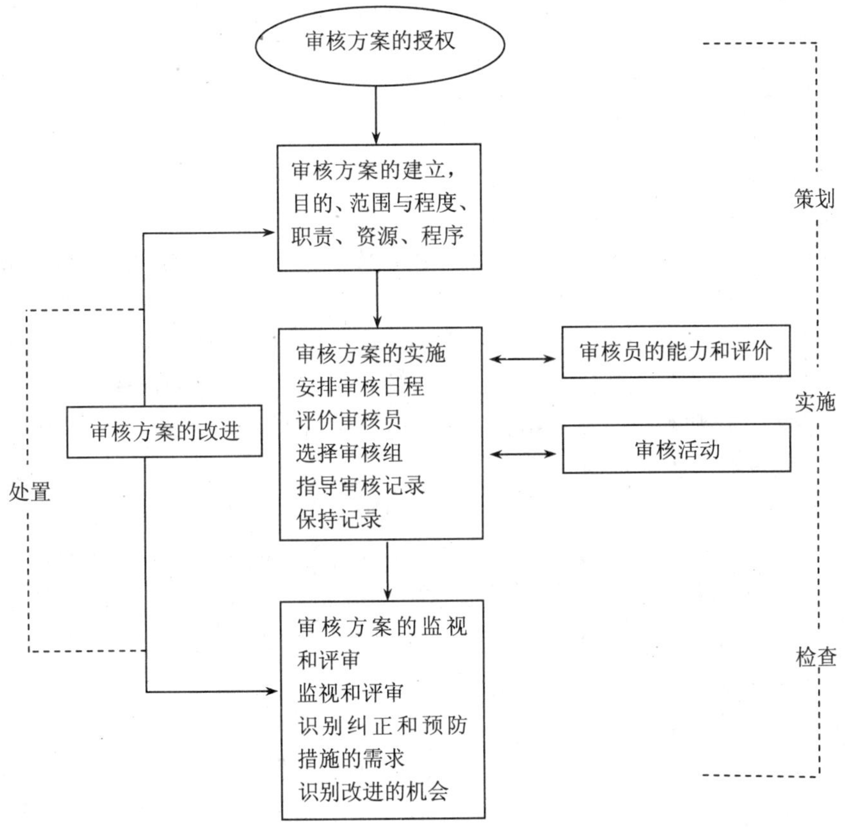

图4-3　流程管理审核方案

如果受审核的组织同时运行质量管理体系和食品安全管理体系，审核方案可包括结合审核。在这种情况下，应当特别注意审核组的能力。

作为各自审核方案的一部分，两个或两个以上审核组织可以进行合作，实施联合审核。在这种情况下，应当特别注意职责分工、附加资源的提供、审核组的能力以及适当的程序，并在审核开始之前就此达成一致意见。如审核方案可以是：①覆盖组织食品安全管理体系的当年的一系列的内部审核；②在6个月内对关键产品的潜在供应方实施的第二方管理体系审核；③在认证机构和委托方之间合同规定的时间周期内，由第三方认证机构对食品安全管理体系进行的认证和监督审核。

审核方案还包括为实施审核方案中的审核进行适当的策划、提供资源和制定程序。

1.审核方案的目的

应当确定审核方案的目的，以指导审核的策划和实施。目的可考虑以下事项：管理的优先事项；商业意图；管理体系要求；法律法规和合同的要求；供应方评价的需要；顾客要求；其他相关方的需求；组织的风险。

审核方案的目的根据其应用，包括下列四种：满足管理体系标准认证的要求；验证与合同要求的符合性；获得并保持对供应方能力的信任；有助于管理体系的改进。

2.审核方案的范围与程度

审核方案的范围与程度可以变化，并受被审核组织的规模、性质与复杂程度以及下列因素的影响：每次审核的范围、目的和审核时间；审核的频次；受审核活动的数量、重要性、复杂性、相似性和地点；标准、法律法规和合同的要求及其他审核准则；认可或认证的需要；以往的审核结论或以往的审核方案的评审结果；语言、文化和社会因素；相关方的关注点；组织或其运作的重大变化。

3.审核方案的职责管理

审核方案的职责应当由基本了解审核原则、审核员能力和审核技术应用的一人或多人承担。他们应当具有管理技能，了解与受审核活动相关的技术和业务。

负责管理审核方案的人员应当确定审核方案的目的和审核方案的范围与程度；确定职责和程序，并确保资源的提供；确保审核方案的实施；确保保持适当的审核方案记录；监视、评审和改进审核方案。

4.审核方案的资源识别

审核方案所需资源应当考虑：开发、实施、管理和改进审核活动所必要的财务资源；审核技术；实现并保持审核员能力以及改进审核员表现的过程；获得适合具体审核方案目的的有能力的审核员和技术专家；审核方案的范围和程度；路途时间、食宿和其他与审核有关的需求。

5.审核方案的程序

审核方案的程序应当明确以下内容：审核的策划和工程安排；保证审核员和审核组长的能力；选择适当的审核组并分配其任务和职责；实施审核；实施审核后续活动（适用时）；保持审核方案的记录；监视审核方案的业绩和有效性；向最高管理者报告审核方案的总体实现情况。对于较小的组织，上述活动可在一个程序中表述。

6.审核方案的实施

审核方案的实施应当明确以下方面：与有关方沟通审核方案；审核及其他与审核方案有关的活动的协调和工程安排；建立和保持评价审核员及其持续专业发

展的过程；确保审核组的选择；向审核组提供必要的资源；确保按审核方案进行审核；确保审核活动记录的控制；确保审核报告的评审和批准，并确保分发给审核委托方和其他特定方；确保审核后续活动（适用时）。

7.审核方案的记录

应当保持记录以证实审核方案的实施，记录应当包括与每次审核有关的记录，如审核计划、审核报告、不符合报告、纠正和预防措施的报告、审核后续活动的报告（适用时）、审核方案评审的结果。与审核人员有关的记录应关注以下方面：审核员能力和表现的评价、审核组的选择、能力的保持和提高。记录应当予以保存并以适宜的方式予以保管。

8.审核方案的监视和评审

应当监视审核方案的实施，并按适当的时间间隔进行评审，以评定其是否已达到目的，并识别改进的机会。结果应当向最高管理者报告。

应当利用业绩指标监视诸如以下特性：审核组实施审核计划的能力；与审核方案和工程安排的符合性；审核委托方、受审核方和审核员的反馈。

审核方案的评审应当考虑诸如以下内容：监视的结果和趋势；与程序的符合性；相关方变化的需求和期望；审核方案的记录；替代的或新的审核实践；在相似情况下，审核组之间表现的一致性。

审核方案评审的结果可能导致采取纠正和预防措施以及改进审核方案。

根据审核方案的策划，可实施某一特定的审核活动。特定审核活动实施的方式和适用程度取决于特定审核的范围和复杂程度，以及审核结论的预期用途。图4-4即为一项典型的审核活动。

第三节 GMP和SSOP

HACCP体系必须和已经存在的其他管理体系配合使用。常用的其他体系包括个人卫生、良好生产规范（GMP）、供应商质量保证和维持方案、卫生标准操作规程（SSOP）等。

对于HACCP而言，必须有已经建立好的，而且充分运行并得到验证的GMP和SSOP来保证HACCP体系的成功应用与实施。只有建立在良好生产规范和卫生标准操作规程基础上的HACCP体系才是有效的。因此，只以HACCP来实现食品的安全是不够的，HACCP与上述两者结合才能保证食品的安全。

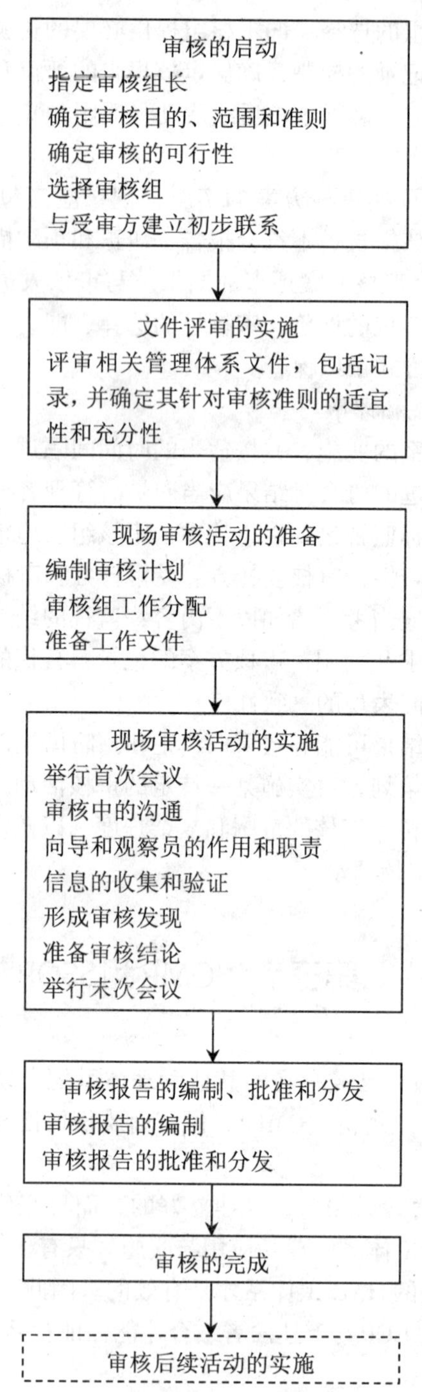

注:虚线表示的审核后续活动通常不视为审核的内容。

图4-4　典型的审核活动概述

一、良好生产规范

（一）概述

“GMP”是英文good manufacturing practice的缩写，中文的意思是“良好生产规范”，或是“优良制造标准”，是一种特别注重在生产过程中实施对产品质量与卫生安全的自主性管理制度。它是一套适用于制药、食品等行业的强制性标准，要求企业从原料、人员、设施设备、生产过程、包装运输、质量控制等方面按国家有关法规达到卫生质量要求，形成一套可操作的作业规范帮助企业改善企业卫生环境，及时发现生产过程中存在的问题，并加以解决。简要地说，GMP要求食品生产企业应具备良好的生产设备、合理的生产过程、完善的质量管理和严格的检测系统，确保最终产品的质量（包括食品安全卫生）符合法规要求。GMP所规定的内容，是食品加工企业必须达到的最基本的条件。

实施食品GMP的意义：为食品生产提供一套必须遵循的组合标准；为卫生行政部门、食品卫生监督员提供监督检查的依据；为建立国际食品标准提供基础；便于食品的国际贸易；使食品生产经营人员认识食品生产的特殊性，提供重要的教材，由此产生积极的工作态度，激发对食品质量高度负责的精神，消除生产上的不良习惯；使食品生产企业对原料、辅料、包装材料的要求更为严格；有助于食品生产企业采用新技术、新设备，从而保证食品质量。

食品GMP的基本精神是：降低食品生产过程中人为的错误；防止食品在生产过程中遭到污染或品质劣变；建立健全的自主性品质保证体系。推行食品GMP的主要目的是提高食品的品质与卫生安全，保障消费者与生产者的权益，强化食品生产者的自主管理体制，促进食品工业的健全发展。

食品生产卫生规范是从药品生产质量管理规范中发展起来的。早在第一次世界大战期间，美国新闻界披露美国食品工业的不良状况和药品生产的欺骗行径之后，促使美国诞生了《联邦食品、药品、化妆品法》，开始以法律形式来保证食品、药品的质量，由此还建立了世界上第一个国家级的食品药品管理机构——美国食品与药物管理局（FDA）。第二次世界大战后，由于科学技术的发展，人们认识到以成品抽样分析检验结果为依据的质量控制方法有一定的缺陷，从而产生了全面质量控制和质量保证的概念。

1961年发生了一起源于欧洲，进而波及世界28个国家的药物灾难。事件是在前联邦德国发现许多没有臂和腿，而且手直接连在躯体上，很像一只海豹的畸形儿。经调查是孕妇服用名为“反应停”的药物而引起的，此事件殃及澳大利亚、加拿大、日本以及拉丁美洲、非洲的28个国家，发现畸形胎12000余例。美国是少数几个幸免此次灾难的国家之一，因此1962年美国修改了《联邦食品、药品、化妆品法》，将全面质量管理和质量保证的概念变成法定要求。1963年美国制定并颁布了世界上第一部药品的良好生产规范（GMP）。在药品GMP取得良好成效之后，GMP很快就被应用到食品卫生质量管理中，并逐步发展形成了食品GMP。

美国是最早将GMP用于食品工业生产的国家，美国在食品GMP的执行和实施方面做了大量的工作。良好生产规范是美国首创的一种保障产品质量的管理方法。1996年版的美国CGMP（近代食品制造、包装和储存）第110节内容包括定义、现行良好生产规范、人员、厂房及地面、卫生操作、卫生设施和设备维修、生产过程及控制、仓库与运销、食品中天然的或不可避免的危害控制等。

日本受美国药品和食品GMP实施的影响，厚生省、农林水产省、日本食品卫生协会等分别先后制定了《食品制造流通基准》《卫生规范》《卫生管理要领》等。农林水产省制定了《食品制造流通基准》，其内容包括食用植物油、罐头食品、豆腐、腌制蔬菜、杀菌袋装食品、碳酸饮料、紫菜、番茄加工、汉堡包及牛肉饼、水产制品、味精、生面条、面包、酱油、冷食、饼干、通心粉等20多种。厚生省制定了《卫生规范》，包括鸡肉加工卫生规范、食饭及即食菜肴卫生规范、酱腌菜卫生规范、生鲜西点卫生规范、中央厨房及零售连锁卫生规范和生面食品类卫生规范等。食品卫生协会制定了《食品卫生管理要领》，有豆腐、油炸食品、即食面、面包、寿司面、普通餐馆、高级餐厅和民族餐馆等。上述“基准”、“规范”和“要领”均为指导性的，达不到其要求时不属违法。

加拿大实施GMP有三种情况：GMP作为食品企业必须遵守的基本要求被政府机构写进了法律条文，如加拿大农业部制定的《肉类食品监督条例》中的有关厂房建筑的规定属于强制性GMP。政府部门出版发行GMP准则，鼓励食品生产企业自愿遵守。政府部门可以采用一些国际组织制定的GMP准则，食品生产企业也可以独立采用。

其他一些国家采取指导的方式推动GMP在本国的实施。如英国推广GFMP（good food manufacturing practice），新加坡由民间组织——新加坡标准协会（SISIR）——推广GMP制度。法国、德国、瑞士、澳大利亚、韩国、新西兰、马来西亚等国家和我国台湾，也都积极推行食品GMP。

我国大陆地区食品企业质量管理规范的制定工作起步于20世纪80年代中期，从1988年起，先后颁布了19个食品企业卫生规范，简称“卫生规范”。卫生规范制定的目的主要是针对当时大多数食品企业卫生条件和卫生管理比较落后的现状，重点规定厂房、设备、设施的卫生要求和企业的自身卫生管理等内容，借以促进我国食品企业卫生状况的改善。这些规范制定的指导思想与GMP的原则类似，将保证食品卫生质量的重点放在成品出厂前的整个生产过程的各个环节上，而不仅仅着眼于最终产品上，针对食品生产全过程提出相应技术要求和质量控制措施，以确保最终产品卫生质量合格。自上述规范发布以来，我国食品企业的整体生产条件和管理水平有了较大幅度的提高，食品工业得到了长足发展。由于近年来一些营养型、保健型和特殊人群专用食品的生产企业迅速增加，食品花色品种日益增多，单纯控制卫生质量的措施已不适应企业品质管理的需要。鉴于制定我国食品企业GMP的时机已经成熟，1998年卫生部发布了《保健食品良好生产规范》（GB 17405—1998）和《膨化食品良好生产规范》（GB 17404—1998），这是我国首批颁布的食品GMP标准，标志着我国食品企业管理向高层次的发展。食品卫生规范推行的十几年来，虽然上述标准均为强制性国家标准，但由于规范本身的局限性、我国标准化工作的严重滞后性及食品生产企业卫生基础条件和设施的落后状况，加之政府有关部门推广和监管措施力度不够，目前这些标准尚未得到全面的推广和实施。为此，卫生部决定组织力量在修订原卫生规范的基础上制定部分食品生产GMP，并于2001年组织广东、上海、北京、海南等部分省市的卫生部门和多家企业成立了乳制品、熟食制品、蜜饯、饮料、益生菌类及保健食品各类GMP的修订协作组，协作组确定了GMP的制定原则、基本格式、内容等。随后，协作组分头进行了认真细致的研究，对各工厂内外生产环境、生产车间布局与工艺流程、原料的来源和质量及企业自身的质量管理体系等做了大量的现场调研，收集了许多宝贵的信息资料，做出了实施GMP的效果评价，为制定相关食品行业的GMP提供了扎实的科学依据。考虑现行的食品卫生规范存在缺乏可操作性和先进性等问题，上述五个方面的GMP在制定中不仅增强了可操作性和科学性，而且增加并具体化了良好的生产规范内容，对良好的生产设备、合理的生产过程、完善的质量管理和严格的检测系统提出了要求。目前，已完成了这五方面的GMP的制定工作。

（二）美国的良好生产规范

在美国已将“良好生产规范”（GMP）批准为法规，代号为21CFRp · rt110，此法规适用于所有食品，作为食品的生产、包装、贮藏卫生品质管理体制的技术基础，具有法律上的强制性。

1.总则

（1）定义：《联邦食品、药物及化妆品法》（以下简称该法案）第210节中术语的定义和解释适用于该法规的同类术语，下列定义也同样适用。

①酸性食品或酸化食品（acid foods or acidified foods）：平衡pH等于或低于4.6的食品。

②适当的（adequate）：为完成良好公共卫生规范的预定目标所需要的要求。

③面糊（batter）：一种半流体物质，通常包含面粉和其他成分。可在其中浸蘸食品的主要成分，或用它涂在外表，或直接用它制成焙烤食品。

④烫漂（blanching）：在包装前对食品（不包括树生坚果和花生）进行热处理，使天然酶部分或完全失活，并使该食品发生物理或生化的变化。

⑤关键控制点（critical control point）：食品加工过程中的一个点，若该点控制不当，极可能造成、引发或导致危害，或导致成品污染，或导致成品分解。

⑥食品接触面（food contact surfaces）：接触食品的表面以及经常在正常加工过程中会将污水滴溅在食品上或溅在接触食品的表面。“食品接触面”包括用具及接触食品的设备表面。

⑦批（lot）：在某一时间段内生产的用具体编号标记的食品。

⑧微生物（microorganisms）：酵母菌、霉菌、细菌和病毒，并包括但不限于对公众健康产生影响的某些微生物种类。“不良微生物（undesirable microorganisms）”包括某些对公众健康产生显著影响的微生物、会使食品分解的微生物、会使食品受到杂质污染的微生物，或使食品成为该法案所指的掺杂食品的微生物。在某些情况下，美国FDA在这些法规中使用形容词“微生物的（microbial）”，替代包含“微生物（microorganism）”的形容词短语。

⑨害虫（pest）：任何令人讨厌的动物或昆虫，包括但不限于鸟、啮齿动物、蝇和幼虫。

⑩厂房（plant）：用于或与食品加工、包装、贴标或存放相关的建筑物或设施，或其中的某些部分。

⑪质量控制操作（quality control operation）：有计划的和系统的程序，其目的是通过采取一切必要的措施，防止食品成为该法案所指的掺杂食品。

⑫返工品（rework）：非因卫生原因从加工过程被剔除的，或经过重新加工而再整理好的，干净的、未被掺杂的适于消费的食品。

⑬安全水分含量（safe-moisture level）：在确定的加工、贮存和分销条件下，依靠成品中的低水分足以防止不良微生物生长的水分含量。一种食品的最高安全水分含量取决于它的水分活度（A_w）。如果有足够的数据表明食品在某一或低于该水分活度的条件下，将不利于不良微生物的生长，则对于该食品而言，该水分活度可以被认为是安全的。

⑭消毒（sanitize）：指对食品接触面进行适当处理的过程，该过程能有效地破坏危害公众健康的微生物，并大量减少其他不良微生物的数量，但其对产品及对消费者的安全性无不良影响。

⑮必须（shall）：用以表述强制性的要求。

⑯应该（should）：用以表述推荐或建议的程序或确定所推荐的设备。

⑰水分活度（water activity，A_w）：食品中游离水分的量度，等于某一物质的蒸气压除以相同温度下纯水的蒸汽压。

（2）现行良好生产规范（CGMP）：该法规的标准和定义用于确定某种食品

是否为该法案402（a）（3）节上所指的掺杂食品，即该食品是在不适合生产食品的条件下加工的；或者是该法案402（a）（4）节所定义的食品，即该食品是在不卫生的条件下制作、包装或存放的，因而可能已经受到污染，或者可能已经成为对人体健康有害的食品。该法规的标准和定义也适用于确定某种食品是否违反了《公共卫生服务法》（42U、S，C，264）的361节的规定。受具体的"现行良好生产规范"管制的食品也须符合那些法规的要求。

（3）人员工厂管理组织应采取一切合理的措施和预防手段以保证以下几方面有效实施。

①疾病控制：经体检或监督观察，凡是患有或表现出患有疾病、开放性损伤(包括疖子或感染性创伤)，或其他可能成为食品、食品接触面或食品包装材料的微生物的非正常污染源的员工，在消除上述病症之前，均不得参与可能会造成污染的作业；并应告诫职工，发现上述疾病，须向其上级报告。

②清洁卫生：凡是在工作中直接接触食物、食物接触面及食品包装材料的员工，在其当班时应遵守卫生规范，保证食品免受污染。保持清洁的方法包括但不限于：穿适合作业的外套，防止食物、食物接触面或食品包装材料受到污染；保持好个人的清洁卫生；开始工作之前、每次离开工作间之后，以及在双手可能已经弄脏或受到污染的任何其他时间，均须在合适的洗手设施上彻底洗净双手（如要预防不良微生物的污染，则还需消毒）；除去不牢靠的、可能掉入食品、设备或容器中的首饰和其他物品；除去手工操作食品时无法彻底消毒的首饰，如果无法除去首饰，可以用一块完整且清洁卫生的物料把手饰包盖起来，有效地防止首饰等对食品、食品接触面或食品包装材料的污染；如果手套用于食品加工中，其须处于完整、清洁卫生的状态，并应该用非渗透性的材料制成；需要时，须适当地佩戴发网、束发带、帽子、胡须套，或其他有效的须发约束物；不要将衣物或其他个人物品存放在食品暴露的地方或在设备及用具冲洗的地方；将以下行为，如吃东西、嚼口香糖、喝饮料或吸香烟等，限制在食品暴露区域或设备及用具清洗区域以外；采取其他必要的预防措施，防止食品、食品接触面或食品包装材料受到微生物或异物（包括但不限于汗水、头发、化妆品、烟草、化学物及皮肤用药品）的污染。

③教育与培训：负责监督卫生或食品污染的人员应当受过基础教育或具有经验，或两者皆备，这样才能保障生产出卫生和安全的食品。食品操作和监管人员应当在食品加工技术及食品保护原理方面受过适当的培训，而且应当明了不良的个人卫生及不卫生操作的危险性。

监管应明确地责成称职的监管人员监督全体员工，务必使他们遵守本章的一切规定。

2.建筑物与设施

（1）场地和厂房

场地：应使操作人员控制范围之内的食品厂的四周场地保持能防止食品受污染。场地合适的维护方法包括但不限于：合理地安置设备、清除树叶和废弃物，剪除厂房及其构造物附近可能成为害虫所喜爱的繁殖地或栖息地的杂草；保持好道路、院落和停车场的卫生，使其不成为食品暴露区域的污染源；因渗漏、鞋上的脏物或提供害虫滋生地而导致食品污染的区域，均须适当地将水排净；管理好废物处理、处置系统，使其不成为食品暴露区域的污染源。

厂房：建筑物及其结构在大小、建筑与设计上应适合以食品生产为目的的维护和卫生操作。厂房及设施须为设备安置和物料储存提供足够的场地以满足卫生操作和安全食品的生产；能够采取适当的预防措施以减少微生物、化学品、污物或其他外来物对食品、食品接触面或食品包装材料的潜在污染。减少潜在的食品污染，可以通过适当的安全控制和操作规范或有效的设计，包括采取以下一种或多种方法：分开可能发生污染的作业；能够采取适当的预防措施，通过使用保护性的遮盖物，控制好容器上方及其四周的区域，消灭害虫的藏身处，定期检查害虫及其活动情况；必要时撇去发酵容器的表层漂浮物，或采取任何一种有效手段保护室外发酵容器中的散装食品；建筑合理，地板、墙壁、天花板能充分清扫，能保持清洁和维修良好；固定设备和管道上滴下的水滴或冷凝物不会污染食品、食品接触面或食品包装材料；设备与墙面之间要留出通道和工作空间，不能堵塞，其有适当的宽度让员工进行正常操作，且能防止食品或食品接触面被衣物或员工的接触而受到污染；为洗手区、更衣室、卫生间和所有的进行食品检验、加工、贮存的区域以及设备或用具清洗的区域提供适当的照明；在食品制作的任何环节，在暴露食品的上方安装安全型灯泡、固定灯具、天窗或其他悬吊玻璃，或者用其他方法防止玻璃破碎时污染食品；在有害的气体可能污染食品的区域，提供足够的通风或控制设备将气味和蒸汽（包括水蒸气和各种有害的烟气）降至最低；同时，风扇及其他吹风设备以适当的方式安置和运行，将其对食品、食品包装材料或其他食品接触面的潜在污染降至最低；在必要的地方，设置防止害虫的筛网或其他害虫防护设施。

（2）卫生操作

一般维护：工厂的建筑物、固定设备及其他有形设施须保持卫生状况，并且保持维修良好，防止食品成为该法案所指的掺杂产品。用具和设备的清洗和消毒须防止对食品、食品接触面或食品包装材料的污染。用于清洗和消毒的物品及有毒物质的存放应该注意用于清洗和消毒的清洗剂和消毒剂不能带有不良微生物，而且须在使用的条件下是安全和合适的。可以通过任何一种有效的方法来证实是否满足上述要求，比如购买时要求供货商的担保或证书或化验这些物质中是否有污染。在食品加工或暴露的厂房里，只有保持清洁和卫生所需的物品；化验室检验所需的物品；厂房和设备保养及运转所需的物品；工厂操作所需的物品；有毒物品可以使用或存放，有毒的清洁剂、消毒剂及杀虫剂须被确认、控制和储存，以防止对食品、食品接触面或食品包装材料的污染。应遵守联邦、州及地方政府机构颁布的关于应用、使用和持有这些产品的一切有关法规。虫害控制食品厂内不得存在任何害虫。如果看门狗或导盲犬不会造成食品、食品接触面或食品包装材料的污染，可以允许其在工厂的某些区域活动。须在加工区域内采取有效措施清除害虫，以防止食品在上述区域内受害虫污染。杀虫剂和灭鼠药的使用须在有防范和有限制的情况下使用，以防止其对食品、食品接触面及食品包装材料的污染。

食品接触面的卫生：应该保持好所有食品接触面，包括用具及设备的食品接触面，都须根据需要时常清洗，防止污染食品。用于加工或存放低水分含量食品的食品接触面，在使用时应处于干燥和卫生状态。这些表面用水清洗后，必要时，在下次使用前须进行消毒，并完全干燥；在湿加工中，当需要清洁以防止微生物污染食品时，所有食品接触面在使用前和因中断操作使其可能已经被污染后，均须进行清洗和消毒。当设备和用具处于连续生产操作时，须在必要时对这些用具以及设备的食物接触面进行清洗和消毒；食品厂用于生产的设备的非食品接触面，也须根据需要时常清洗以防止食品污染；一次性用品（如只用一次的用具、纸杯、纸巾）均应存放在适当的容器里，且须以不使食品或食品接触面受到污染的方式，处理、分发、使用和处置；在使用条件下，消毒剂须适量且安全。如果已经证实某种设施、程序或设备能经常性地使设备和用具保持清洁，并能提供适当的清洁和消毒处理，那么这种设施、程序或设备就可以用于设备和用具的清洗和消毒。

干净的、可移动的设备及用品的存放和处理：干净且消过毒的可移动的有食品接触面的设备以及用具，其储存的地方和方式应能防止食品接触面受到污染。

（3）卫生设施和控制

每个工厂都应配备适当的卫生设施及用具，其包括供水和管道，供水须满足设定的操作要求，且来自适当的来源。凡是接触食品或食品接触面的水，都须是安全的和具适当的卫生质量的；在食品的加工中，设备、用具及食品包装材料的清洗，或员工卫生设施等一切需水的方面，都须提供适当温度和所需压力的活水。管道的尺寸和设计须适当，并得到适当的安装和维护，使其能将充足的水输送到全厂需要用水的地点；将厂里的污水、废液顺畅地排除，避免成为对食品、供水、设备或用具的污染源或造成不卫生的状况；对采用冲洗法清洗，或正常操作时会向地面排放水或其他废液的所有地方，提供适当的地面排水设施；确保排放废水或污水的管道系统不会回流，或者该管道系统与输送食品或食品加工用水的管道系统之间不会有交叉连接。

污水排放：污水须排入适当的排污系统或通过其他适当的手段处理。

卫生间设施：每个工厂都应为其员工提供适当的、方便的卫生间设施。可以通过保持设施的卫生，使设施始终处于维修良好的状况；安装能自动关闭的门；安装的门不能开向使食品暴露于空气污染的区域，除非已经采取其他措施防止这种污染（如安装双重门和正压气流系统）。

洗手设施：洗手设施须适当而方便，并提供适当温度的活水。

良好卫生规范要求：需在员工洗手和/或消毒手的所有地方都安装洗手和消毒手的设施；提供有效的手清洁和消毒准备工作；提供卫生毛巾或适当的手干燥设施；使用的装置或固定件，如供水阀，其设计及建造要防止对干净的、消过毒的手的污染；使用易懂的标识，指导处理裸露的食品、食品接触面或食品包装材料的员工，在他们开始工作之前、每次离开操作岗位之后以及他们的手可能已经弄脏或被污染时，必须洗手，并在适当的地方对手进行消毒。这些标识可以贴在加工间及员工们可能接触上述食品、材料或表面的一切区域；废料容器的建设及维护的方式须防止对食品的污染。垃圾及所有废料的运送、存放和处理须尽量不产生臭味，尽量不使其吸引并且成为害虫的藏身处或滋生地，并且防止对食品、食品接触面、供水及地面产生污染。

3.设备

工厂的所有设备和用具的设计，采用的材料和制作工艺，应便于适当的清洗和维护。这些设备和用具的设计、制造和使用，须防止如润滑剂、燃料、金属碎片、污水或其他污染源对食品的掺杂。所有设备的安装和维修须便于设备及其邻近地方的清洗。食物接触面应耐腐蚀，它们应采用无毒的材料制成，能经受使用环境、食品本身以及清洁剂、消毒剂（如果使用的话）的影响。食品接触面须维护良好，防止食品受到任何来源的污染，包括非法间接使用的食品添加剂。

食物接触面的接缝须平整，且维护得当，从而尽量减少食物颗粒、脏物及有机物的积累，将微生物生长繁殖的可能性降至最低。食品加工、处理区域内不与食品接触的设备须建成能保持清洁的状况。食品的存放、输送和加工系统（包括重量分析系统、气体系统、封闭系统及自动化系统），其设计及制造须能使其保持良好的卫生状态。用于贮存和放置食品的冷藏及冷冻库，如食品能在其中导致微生物生长，都应在冷藏及冷冻库内安装能准确显示其中温度的温度指示计、测温装置或温度记录装置，并且须安装能调节温度的自动控制装置或当人工操作时温度发生重大变化的自动报警系统。

用于测量、调节或记录能控制或防止食品中不良微生物生长繁殖的温度、pH值、酸度、水分活度或其他条件的仪器和仪表，应准确并维护良好，其数量应适当，以完成所确定的任务。用于注入食品或用来清洗食品接触面或设备的压缩空气及其他气体，须经过处理，从而防止非法间接添加剂对食品的污染。

4.生产和加工控制

（1）加工和控制

食品的进料、检查、运输、分选、预制、加工、包装和贮存等所有操作都须遵守适当的卫生原则。应采用适当的质量管理方法，确保食品适于人们食用，并确保包装材料是安全、适用的。工厂的整体卫生须由一名或数名经指定的、合格的人员进行监督。须采取一切合理的预防措施，确保生产工序不会导致任何来源的污染。必要时，应采用化学的、微生物的或外来杂质的检测方法去确定卫生控制的失误或可能的食品污染。凡是污染已达到该法案所认定的已掺杂的食品都应一律退回，或者，如果允许的话，经过处理或加工以消除该污染。

原料和其他配料须经过检查、分选或采用其他处理方法，以确保它们是干净的，适合加工成食品，而且须贮存在适当的条件下，防止其受到污染，并将腐败变质降至最低。必要时须对原料进行清洗以除去泥土或其他污物。用来冲洗、清洁、清洗或输送食品的水须是安全的，并且符合适当的卫生质量，如果用过的水不会增加食物的污染程度，可以重新用于冲洗、清洁或输送食品。接受原料时，应对容器或运载工具进行检查，确保它们不会导致食物污染和变质。

原料和其他配料含有微生物的数量，须不能达到能导致食物中毒或人类疾病的程度，或在加工中须采用巴氏杀菌或其他处理方法，使其不再含有如此数量的微生物，从而避免使该产品成为该法案所指的掺杂食品。可以用任何有效的方法来查证是否满足上述要求，包括采购原料和其他配料时，要求供应商提供担保或证书。

在将易受黄曲霉毒素或其他天然毒素污染的原料或其他配料加入食品成品前，须查证其是否符合FDA关于各种有毒或有害物质的现行法规、指南和作用水平。满足这一要求的方法包括从有担保或有证书的供应商那里购买原料和其他配料，或者分析这些原料和配料的黄曲霉毒素及其他天然毒素的含量。

如果制造商想使用易受害虫、不良微生物或外来物质污染的原料、其他配料及返工制品为原料制造食品，该原料须符合FDA关于天然的或不可避免的缺陷的法规、指南及缺陷行动水平的规定。可以用任何有效的方法来查证是否满足上述要求，包括根据供应商提供的担保或证书，或根据这些原料的污染情况的检验结果，采购相应的原料和其他配料。

原料、其他配料及返工制品须散装存放，或存入专门设计和制造以防止污染的容器中，且其存放的方式、温度和相对湿度须能防止食品成为该法案所指的掺杂食品。计划返工的原料须有明确的标识。冷冻的原料和其他配料须冷冻储存。如果使用前需要解冻，解冻的方式须能防止原料和配料成为该法案所指的掺杂制品。散装购进和贮存的液体或干的原料或其他配料须以能防止污染的方式存放。

加工操作设备、用具及成品食品容器，须经过适当的清洗和消毒后保存在可接受的状态下。必要时，设备须拆开以进行彻底清洗。食品加工，包括包装和贮存，都须在特定的条件和控制下进行，以尽量减少微生物生长繁殖的可能性，或尽量减少食品受到污染的可能性。符合该要求的一种方法就是对时间、温度、pH、压力、流速等物理因素，以及对冷冻、脱水、热加工、酸化及冷藏等加工操作进行仔细的监控，确保机器故障、时间延迟、温度波动及其他因素不会导致食品的分解或污染。对能使不良微生物，特别是对公众健康有危害的微生物快速生长繁殖的食品，须以能防止其成为该法案所指的掺杂食品的方式存放。可以采用冷藏食品保存在7.2℃，或特殊的食品保存在7.2℃以下的适当温度；以冻结状态保存冷冻食品；在60℃或以上温度条件下保存热的食品；当酸性或酸化食品需在常温下存放于密封容器中时，需对其进行热处理，以杀灭常温微生物的方法满足该要求。

为杀灭或防止不良微生物，特别是那些危害公众健康的微生物的生长繁殖而采取的措施，如消毒、辐射、巴氏杀菌、冷冻、冷藏、控制pH或控制A_w，须在加工、处理和销售的条件下是适当的，能防止食品成为该法案所指的掺杂食品。

在线加工须在能防止污染的状况下操作，须采取有效措施防止成品食品受到原料、其他配料或废料的污染。当原料、其他配料或废料未有保护时，如果它们在收料、装卸或运送区进行处理会导致食品污染，则它们就不能同时这样处理。须采取必要的措施防止用传送带输送的食品受到污染。用来传送、放置或贮存原料、在线产品、返工品或食品的设备、容器及用具，在制造和贮存时须以能防止污染的方式制造、操作和维护。须采取有效措施防止金属或其他外来物质掺入食品中，可用筛子、捕捉器、磁铁、电子金属探测器或其他适当的有效方法满足该要求。

在处置该法案所指的已掺杂的食品、原料及其他配料时，须防止对其他食品的污染。如果已掺杂的食品能被调整，须使用切实有效的方法进行再调整，或者在加入其他食品中前已经检验，证实它不再是该法案所指的掺杂食品。进行清洗、剥皮、修边、切割、分选以及检验、捣碎、脱水、冷却、粉碎、干燥、脱脂和成型等机械加工步骤时须防止食品受到污染。可以采用适当的物理防护手段防止食品受滴入、排入或吸入食品的污染物的污染，从而满足该要求。防护手段包括对一切接触食品的表面进行适当的清洗和消毒，以及在各步骤及加工步骤之间采用时间和温度控制。

制备食品需要热烫漂时，应该把食品加热到一定的温度，并在该温度下保持一定时间，然后快速冷却或立即送至下一加工步骤。应采用适当的操作温度和定期的清洗，将烫漂机中耐热微生物的生长繁殖及污染降至最低。如在罐装前对烫漂过的食品进行清洗，所用的水须是安全的，且符合适当的卫生质量。

面糊、面包糖、调味汁、肉汁、调料及其他预制品须以能防止污染的方式处理和保存。使用无污染的配料；在可行的地方采用适当的加热处理；采用适当的时间和温度控制；对食品成分采取适当的物理保护措施，防止其受滴入、排入或吸入的污染物的污染；加工时将食品冷却至适当的温度即可满足该要求。

装填、组合、包装以及其他操作，须以能防止食品受污染的方式进行。采用在加工中关键控制点已经确定，且得到控制的质量管理操作；充分清洗和消毒所有的食品接触面和食品容器；提供物理防护措施防止污染，特别是空气污染；采用卫生操作程序等有效方法即可满足该要求。

依靠控制A_w（水分活度）以防止不良微生物生长繁殖的食品，但不限于这些食品，如干的混合物、坚果、中等水分含量的食品和脱水食品，须加工至并保持在安全水分含量。采用监测食品的A_w控制成品食品中可溶性固体与水的比例。采用湿度隔绝物或其他措施防止成品吸取水分，因此食品的A_w就不会增加到不安全的水平等有效措施，即可满足该要求。

一些主要依靠控制pH以防止不良微生物生长繁殖的食品，须监控其pH并保持在4.6或4.6以下。采用监测原料、正在加工的食品或成品食品的pH并控制添加在低酸食品中的酸性或酸化食品的量的措施，即可满足该要求。

当使用的冰与食物接触时，制冰的水须是安全的，且符合适当的卫生质量，而且这些冰须是符合前面所述的现行良好生产规范的要求制造的，才能被使用。除非有足够的证据证明供人食用的食品不会受到污染，否则不应该用加工供人食用的食品的加工区域和设备来加工非食品级的动物饲料或不能食用的产品。

（2）仓储与分销成品

食品的储藏与运输须能防止物理、化学与微生物的污染物对食品的污染以及食品的腐败和容器的破损。

二、卫生标准操作程序

SSOP（sanitation standard operation procedures）是卫生标准操作程序的简称，是食品企业为了满足食品安全的要求，在卫生环境和加工要求等方面所需实施的具体程序，是食品企业明确在食品生产中如何做到清洗、消毒、卫生保持的指导性文件。SSOP和GMP是进行HACCP认证的基础。

20世纪90年代，美国频繁爆发食源性疾病，造成每年700万人次感染和7000人死亡。调查数据显示，其中有大半感染或死亡的原因与肉、禽产品有关。这一结果促使美国农业部（USDA）重视肉、禽产品的生产状况，并决心建立一套涵盖生产、加工、运输、销售所有环节在内的肉、禽产品生产安全措施，从而保障公众的健康。1995年2月颁布的美国《肉、禽产品HACCP法规》中第一次提出了要求建立一种书面的常规可行程序——卫生标准操作程序（SSOP），确保生产出安全、无掺杂的食品。同年12月，美国FDA颁布的《美国水产品的HACCP法规》中进一步明确了SSOP必须包括的8个方面及验证等相关程序，从而建立了SSOP的完整体系。

从此，SSOP一直作为GMP和HACCP的基础程序加以实施，成为完成HACCP体系的重要前提条件。

FDA将执法检查和消费者投诉中发现的问题总结成有关卫生的8个方面，作为8个关键卫生条件：与食品接触或与食品接触物表面接触的水（冰）的安全；与食品接触的表面（包括设备、手套、工作服）的清洁度；防止发生交叉污染；手的清洗与消毒，厕所设施的维护与卫生保持；防止食品被污染物污染；有毒化学物质的标记、储存和使用；雇员的健康与卫生控制；虫害的防治。

SSOP的文本是描述在工厂中使用的卫生程序；提供这些卫生程序的时间计划；提供一个支持日常监测计划的基础；鼓励提前做好计划，以保证必要时采取纠正措施；辨别趋势，防止同样问题再次发生；确保每个人，从管理层到生产工人都理解卫生（概念）；为雇员提供一种连续培训的工具；显示对买方和检查人员的承诺，以及引导厂内的卫生操作和状况得以完善提高。

尽管SSOP与GMP的概念相近，但它们分别详细描述了为确保卫生条件而必须开展的一系列不同活动。因此，就管理方面而言，GMP指导SSOP的开展。GMP是政府制定的、强制性实施的法规或标准，而SSOP是企业根据GMP要求和企业的具体情况自己编写的，因此，没有统一的文本格式，关键是易于使用和遵守。

（一）生产用水（冰）的安全

生产用水（冰）的卫生质量是影响食品卫生的关键因素，食品加工厂应有充足供应的水源。对于任何食品的加工，首要的一点就是要保证水的安全。一个完整的食品加工企业SSOP，首先要考虑与食品接触或与食品接触物表面接触用水（冰）来源与处理应符合有关规定，并要考虑非生产用水及污水处理的交叉污染问题。

1.水源

使用城市公共用水，要符合国家饮用水标准。

使用自备水源要考虑：井水为周围环境、井深度、污水等因素对水的污染；海水为周围环境、季节变化、污水排放等因素对水的污染。对两种供水系统并存的企业，采用不同颜色管道，防止生产用水与非生产用水混淆。

2.标准

（1）我国饮用水标准：GB 5749—2006《生活饮用水卫生标准》106项。

微生物指标：细菌总数100CFU/mL，37℃培养；大肠菌群<3CFU/mL；致病菌不得检出。

游离余氯：水管末端不低于0.05mg/kg。

海水水质标准：GB 3097—1974海水水质标准。

（2）欧盟指标：80/778/EEC 62项。

细菌总数10CFU/mL，37℃培养48h；＜100CFU/mL，22℃培养72h；总大肠菌群MPN＜1/100mL；粪大肠菌群MPN＜1/100mL；粪链球菌MPN＜1/100mL；致病菌不得检出。

（3）美国饮用水微生物的规定：总大肠菌（包括粪大肠菌和大肠杆菌）目标为0。最大污染水平5%，即1个月中总大肠菌呈阳性水样不超过5%，呈阳性的水样必须进行粪大肠菌分析。不允许存在病毒，目标为0。最大污染水平为99.9%杀死或不活动。

3.监控

无论是城市公用水还是用于食品加工的自备水源都必须充分有效地加以监控，经官方检验有合格的证明后方可使用。

（1）监测项目与方法：余氯——试纸、比色法。

微生物——细菌总数GB 5750—2006《生活饮用水标准检验方法》；大肠菌群GB 5750—2006。

（2）监测频率：企业对水余氯监测每天一次，一年对所有水龙都监测到；企业对水的微生物监测至少每月一次；当地卫生部门对城市公用水全项目每年监测至少一次，并有报告正本；对自备水源监测频率要增加，一年至少两次。

（3）设施：供水设施要完好，一旦损坏后就要立即维修好，管道的设计要防止冷凝水集聚下滴污染裸露的加工食品，防止饮用水管、非饮用水管及污水管间交叉污染。

水管离水面距离2倍于水管直径的防虹吸设备；防止水倒流设备，例如水管管道有一死水区、水管龙头真空排气阀；洗手消毒水龙头为非手动开关；加工案台等工具有将废水直接导入下水道装置；备有高压水枪；使用软水管要求浅色、不易发霉的材料制成；有蓄水池（塔）的工厂，水池要有完善的防尘、防虫鼠措施，并进行定期清洗消毒。

（4）操作清洗、解冻用流动水，清洗时防止污水溢溅；软水管使用不能拖在地面，不直接浸入水槽中。

（5）供水网络图：工厂保持详细供水网络图，以便日常对生产供水系统管理与维护。供水网络图是质量管理的基础资料，水龙按序编号。

（6）废水排放：污水处理符合国家环保部门的规定；符合防疫的要求；处理池地点的选择应远离生产车间。废水排放设置包括地面处理（坡度），一般为

1%～1.5%斜坡；案台等及下脚料盒（直接入沟）；清洗消毒槽废水排放（直接入沟）；废水流向（清洁区向非清洁区）；地沟（明沟加不锈篦子，与外界接口有水封防虫装置）。

（7）生产用冰：直接与产品接触的冰必须采用符合饮用水标准的水制造，制冰设备和盛装冰块的器具必须保持良好的清洁卫生状况，冰的存放、粉碎、运输、盛装、贮存等都必须在卫生条件下进行，防止与地面接触造成污染。

4.纠偏

监控时发现加工用水存在问题或管道有交叉连接时，应终止使用这种水源并终止加工，直到问题得到解决。

5.记录

水的监控、维护及其他问题处理都要记录并保存。

（二）与食品接触的表面清洁度

1.与食品接触的表面

与食品接触的表面分为加工设备，案台和工器具，加工人员的工作服、手套等，包装物料。表4-3显示了某饮料水生产企业的自动灌装机的清洗程序。

2.监控

监控的主要内容包括食品接触面的条件；清洁和消毒；消毒剂类型和浓度；手套、工作服的清洁状况。

（1）监控的方法包括视觉检查、化学检测（消毒剂浓度）、表面微生物检查。监控频率视使用条件而定。

（2）材料和制作为耐腐蚀、不生锈、表面光滑易清洗的无毒材料；不用木制品、纤维制品、含铁金属、镀锌金属、黄铜等；设计安装及维护方便，便于卫生处理；制作精细、无粗糙焊缝、凹陷、破裂等；始终保持完好的维修状态；其安装在加工人员犯错误情况下不至造成严重后果。

（3）清洗消毒加工设备与工器具首先彻底清洗，然后消毒［82℃热水、碱性清洁剂、含氯碱、酸、酶、消毒剂、余氯（200mg/kg）、紫外线、臭氧］，再冲洗；设有隔离的工器具洗涤消毒间（不同清洁度工器具分开）。

工作服和手套应集中由洗衣房清洗消毒（专用洗衣房，设施与生产能力相适应）；不同清洁区域的工作服分别清洗消毒，清洁工作服与脏工作服分区域放置；存放工作服的房间设有臭氧、紫外线等设备，且干净、干燥和清洁。

清洗消毒频率：大型设备，每班加工结束后；工器具根据不同产品而定；被污染后立即进行。

表4-3 某饮料水生产企业的自动灌装机的清洗程序

<table>
<tr><td colspan="2" rowspan="2">自动灌装机清洗程序</td><td>文件编号:</td><td>修改号:</td></tr>
<tr><td>日期:2012-10-09</td><td>第1页共1页</td></tr>
<tr><td>编制单位:品控部</td><td>起草:</td><td>审核:</td><td>批准:</td></tr>
<tr><td colspan="4">1 目的:为生产线自动灌装机提供标准清洗规程。
2 适用范围:达意隆生产线自动灌装机。
3 责任者:操作工、当班班长。
4 操作频次:每班日、每周。
5 安全注意事项
5.1 本规程适用经过培训合格的操作人员和维修人员,未经培训人员严禁上岗操作。
5.2 操作人员及时填写设备的使用记录、清洗记录、维修保养记录。
5.3 每日停机后,要做好室内和机器卫生,工具在指定地方整齐放好。
5.4 操作人员必须坚守岗位。机器出现故障及时停机处理。
5.5 在接触有毒或腐蚀性的溶剂和消毒剂时,必须严格遵守公司相关规定,注意安全。
5.6 在清洗机器时应先确认哪些地方是可以用水直接冲洗的,哪些部位是需要保护的,哪些是需要切断电源的,先将需要保护的地方采取措施保护起来。
6 清洗规程:本规程分每班日清洗和周清洗两部分。
6.1 每班日清洗规程
确认灌装机电源已断。
用专用毛巾蘸清水先将机器表面擦拭一遍,包括灌装头、输送带、倒盖槽。
用毛巾蘸适量250mg/L含氯消毒剂擦拭机器。待消毒液在机器表面停留约10min后再用毛巾蘸清水将机器表面消毒液拭去。清洁完毕将机器表面水迹擦干,保持机器表面干爽。
6.2 每周清洗程序
确认灌装机电源已断。
用专用毛巾蘸清水先将机器表面擦拭一遍,包括灌装头、输送带、倒盖槽。
用毛巾蘸适量250mg/L含氯消毒剂擦拭机器。待消毒液在机器表面停留约10min后再用毛巾蘸清水将机器表面消毒液拭去。清洁完毕将机器表面水迹擦干,保持机器表面干爽。
必要时将灌装头胶管拆下清洗。用蘸有洗洁精的毛巾包住不锈钢棍在胶管内来回往复擦洗。用清水将洗洁精泡沫冲洗干净,放入盛有250mg/L含氯消毒剂桶内浸泡10min消毒。消毒完毕取出胶管用无菌水冲去表面消毒剂,沥干水分,装回机器,确认已装好能正常使用。
6.3 相关记录
《生产车间清洁卫生评价表》。</td></tr>
</table>

空气消毒的方法有紫外线照射法，每10～15m²安装一支30W紫外线灯，消毒时间不少于30min，低于20℃，高于40℃；相对湿度大于60%时，要延长消毒时间；适用于更衣室、厕所等。臭氧消毒法一般消毒1h，适用于加工车间、更衣室等。药物熏蒸法用过氧乙酸、甲醛，每平方米10mL，适用于冷库、保温车等。

3.纠偏

在检查发现问题时应采取适当的方法及时纠正，如再清洁、消毒、检查消毒剂浓度、培训员工等。

4.记录

每日卫生监控记录和检查、纠偏记录。

（三）防止发生交叉污染

1.造成交叉污染的来源

工厂选址、设计、车间不合理；加工人员个人卫生不良；清洁消毒不当；卫生操作不当；生、熟产品未分开；原料和成品未隔离。

2.预防

（1）工厂选址、设计：对周围环境不造成污染；厂区内不造成污染；按有关规定（提前与有关部门联系）为主。

（2）车间布局：工艺流程布局合理；初加工、精加工、成品包装分开；生、熟加工分开；清洗消毒与加工车间分开；所用材料易于清洗消毒。

（3）明确人流、物流、水流、气流方向

人流：从高清洁区到低清洁区。

物流：不造成交叉污染，可用时间、空间分隔。

水流：从高清洁区到低清洁区。

气流：入气控制、正压排气。

（4）加工人员卫生操作：洗手、首饰、化装、饮食等的控制和参加培训。

3.监控

在开工时、交班时、餐后续加工时进入生产车间应监控；生产时连续监控；产品贮存区域（如冷库）每日检查。

4.纠偏

发生交叉污染，采取步骤防止再发生；必要时停产，直到有改进；如有必要，评估产品的安全性；增加培训程序。

5.记录

分为消毒控制记录和改正措施记录。

（四）洗手消毒、厕所设备的维护与卫生

1.洗手消毒的设施应安装非手动开关；水龙应有温水供应；在冬季洗手消毒

效果好；有合适、满足需要的洗手消毒设施，每10～15人设一水龙头为宜；还应有流动消毒车。

2.洗手消毒方法、频率

方法：清水洗手—用皂液或无菌皂洗手—冲净皂液—于50mg/kg（余氯）消毒液浸泡30s—清水冲洗—干手（用纸巾或毛巾）。

频率：每次进入加工车间时、手接触了污染物后及根据不同加工产品规定确定消毒频率。每天至少检查一次设施的清洁与完好；卫生监控人员巡回监督；化验室定期做表面样品微生物检验；检测消毒液的浓度。

3.厕所设施与要求

位置应与车间建筑连为一体，门不能直接朝向车间，有更衣、鞋设备。数量与加工人员相适应，每15～20人设一个为宜；手纸和纸篓保持清洁卫生；设有洗手设施和消毒设施；有防蚊蝇设施；通风良好，地面干燥，保持清洁卫生；进入厕所前要脱下工作服和换鞋；方便之后要进行洗手和消毒。

4.设备的维护与卫生保持

设备保持正常运转状态；卫生保持良好，不造成污染。

5.纠偏

检查发现问题时总是立即纠正。

6.记录

每日卫生监控记录和消毒液温度记录。

（五）防止食品掺杂

防止食品、食品包装材料和食品所有接触表面被微生物、化学品或物理的污染物沾污，例如清洁剂、润滑油、燃料、杀虫剂、冷凝物等。

1.污染物的来源

被污染的冷凝水；不清洁水的飞溅；空气中的灰尘、颗粒；外来物质；地面污物；无保护装置的照明设备；润滑剂、清洁剂、杀虫剂等；化学药品的残留；不卫生的包装材料。

2.防止与控制

（1）包装物料的控制：包装物料存放库要保持干燥清洁、通风、防霉，内外包装分别存放，上有盖布下有垫板，并设有防虫鼠设施。每批内包装进厂后要进行微生物检验，细菌数100个/cm^2，致病菌不可检出。必要时进行消毒。

（2）冷凝水控制：应控制车间温度（稳定0～4℃）；顶棚呈圆弧形；提前降温；及时清扫；食品的贮存库保持卫生，不同产品、原料、成品分别存放，设有防鼠设施；化学品的正确使用和妥善保管。

3.监控

对于任何可能污染食品或食品接触面的掺杂物，如潜在的有毒化合物、不卫生的水（包括不流动的水）和不卫生的表面所形成的冷凝物，建议在生产开始时及工作时间每4h检查一次。

4.纠偏

除去不卫生表面的冷凝物；用遮盖防止冷凝物落到食品、包装材料及食品接触面上；清除地面积水、污物，清洗化合物残留；评估被污染的食品；对员工培训正确使用化合物。

（六）有毒化学物质的标记、贮存和使用

1.食品加工厂有可能使用的化学物质

洗涤剂；消毒剂，如次氯酸钠；杀虫剂，如1605；润滑剂；食品添加剂，如亚硝酸钠、磷酸盐等。

2.有毒化学物质的贮存和使用

编写有毒有害化学物质一览表。所使用的化合物有主管部门批准生产、销售、使用说明的证明、主要成分、毒性、使用剂量，并在单独的区域贮存，有带锁的柜子，防止随便乱拿，设有警告标示和注意事项，正确使用。

化合物正确标识，标识清楚，标明有效期，使用登记记录。由经过培训的人员管理。

3.监控

经常检查确保符合要求，建议一天至少检查一次；全天都应注意。

4.纠偏

转移存放错误的化合物，对标记不清的拒收或退回；对保管、使用人员进行培训。

（七）雇员的健康与卫生控制

食品企业的生产人员（包括检验人员）是直接接触食品的人，其身体健康及卫生状况直接影响食品卫生质量。根据食品卫生管理法规定，凡从事食品生产的人员必须经过体检合格，获有健康证者方能上岗。

1.检查

员工的上岗前健康检查：定期健康检查，每年进行一次体检。

食品生产企业应制订体检计划，并设有体检档案，凡患有有碍食品卫生的疾病，例如病毒性肝炎、活动性肺结核、肠伤寒及其带菌者，细菌性痢疾及其带菌者、化脓性或渗出性脱屑皮肤病患者、手外伤未愈合者，不得参加直接接触食品加工，痊愈后经体检合格后可重新上岗。

生产人员要养成良好的个人卫生习惯，按照卫生规定从事食品加工，进入加

工车间更换清洁的工作服、帽、口罩、鞋等，不得化妆，不得戴首饰、手表等。

食品生产企业应制订卫生培训计划，定期对加工人员进行培训，并记录存档。

2.监督

目的是控制可能导致食品、食品包装材料和食品接触面的微生物污染。

3.纠偏

调离生产岗位直至痊愈。

4.记录

包括健康检查记录和每日卫生检查记录。

（八）虫害的防治

昆虫、鸟、鼠等带一定种类病源菌，虫害的防治对食品加工厂是至关重要的。

1.防治计划

灭鼠分布图、清扫消毒执行规定。全厂范围、生活区至包括厂周围，重点为厕所、下脚料出口、垃圾箱周围、食堂。

2.防治措施

清除昆虫滋生地；预防昆虫、鸟、鼠进入车间；采用风幕、水幕、纱窗、黄色门帘、暗道、挡鼠板、翻水弯等杀灭虫害；产区用杀虫剂，车间入口用灭蝇灯、粘鼠胶、鼠笼；不能用灭鼠药。

3.检查和处理

卫生监控和纠偏，监控频率根据情况而定。发现问题，立即进行纠偏，一般不涉及产品，严重时需列入HACCP计划中。

第四节　ISO22000

一、概述

随着食品安全管理ISO22000标准的公布，食品安全管理体系的清单上又增加了一项新的工具。近几年，从“疯牛病”到大肠杆菌的发作，从转基因食品到苏丹红染料的辩论，百姓对食品安全的忧虑都成为轰动新闻。与这些忧虑相适应的是食品行业积极地试图找出改善食品安全管理的方法。

现有的食品安全验证体系包括荷兰HACCP（危害分析和关键控制点）原理、英国零售商协会（BRC）全球食品标准、国际食品标准（IFS）、安全质量食品（SQF）协议，以及欧洲零售商农产品工作组的良好农业规范（EUREP GAP）等。所有的食品安全管理都习惯性地帮助零售商管理他们的供应链，同时每一个标准在他们各自的领域提供相应的解决方案。

2005年9月出版的食品安全管理体系《食品链中各类组织的要求ISO22000标准》，在食品群组中是一个新生儿。ISO22000是正在进行的国际标准组织（ISO）与食品行业之间协作的成果，该标准目标是成为一个国际性的、可稽核的标准，以定义整个食品链上的食品安全管理——“确保整个链上没有连接缺陷”，目的就是将ISO22000与其他现有的食品安全计划并肩而坐，并通过运用一种流通语言和在整个食品链上对食品安全管理方法的理解，使ISO22000与其他食品安全计划互补。

ISO22000的要点是在ISO9001的基础上增加了HACCP形式的标准，换言之，就是将食品和饮料工业建立于现有的体系上，并将行业规划成一个清晰、易懂、可稽核的结构。

ISO22000不同于其他标准的主要方面是它的范围和国际适用性。ISO22000同样不同于BRC和IFS这类不能提供良好规范要求规则列表的标准。然而，与事实相对应的是ISO22000不可能制定所有食品行业类型的所有要求，ISO22000明确了与食品行业最关联、最实用的规范，将食品安全责任归于食品行业。

运行ISO22000其中一个好处是它给已经实施其他ISO管理体系的公司提供了增效作用。举例说，ISO22000使用和ISO9001、ISO14001标准相同的体系导入方法，使它易于整合成一个完整的基于风险的管理体系。对于已经实施了其他ISO标准——包括的企业而言，将现有管理方法运用到食品安全管理中是十分重要的，这样就可以整合到其他体系中去。

ISO22000确定为确保食品供应链上没有缺陷的连接点。该标准“从饲料生产、初级生产到食品生产商、运输和储藏企业，以及零售分包商和食品服务的出口——与食品内部关联组织，如设备生产商、包装材料、清洁剂、添加剂和配料生产商等都可以采用”。

“ISO22000详细说明了食品链上食品管理体系的要求，为了提供安全一致的终端产品以满足适合消费者和采用的食品安全法规两者的要求，组织需要证明他们控制食品安全危害的能力。”

二、ISO22000标准的特点

为满足组织开展HACCP体系认证的需要，国际标准化组织农产食品技术委员会（ISO/TC34）成立了工作组，参照质量/环境管理体系国际标准（ISO9001/ISO14001）的框架起草了食品安全管理体系国际标准（ISO22000）。国际标准化组织（ISO）于2005年下半年正式发布《ISO22000食品安全管理体系对整个食品链中组织的要求》。这是国际标准化组织发布的继ISO9000和ISO14000后用于合格评定的第三个管理体系国际标准。ISO22000将国际上最新的管理理念与食品安全控制的有效工具——HACCP原理——有效融合，在全球范围内产生了广泛而又深远的影响。

纵观ISO22000标准，其以下特点引人注目。

（一）食品安全管理范围包含整个食品链

对于生产、制造、处理或供应食品的所有组织，食品安全的要求是首要的。这些组织都应认识到，对表明并充分证实其识别和控制食品安全危害能力的要求日益增加，并应认识到影响食品安全的诸多因素。这个标准的要求可用于食品链内的各类组织，如饲料生产者、食品制造者、运输和仓储经营者、分包者、零售分包商、餐饮经营者，以及相关组织，如设备生产、包装材料、清洁剂、添加剂和辅料的生产组织。食品安全与食源性危害在食品消费阶段（由消费者吸收）的水平和存在的危害有关。由于在食品链的任何阶段都可能引入食品安全危害，因此通过整个食品链进行充分控制是必需的。所以，食品安全是基于通过食品链的所有参与者共同努力而保证的连带责任。

（二）先进管理理念与HACCP的有效融合

过程方式、系统管理及持续改进是现代管理领域先进理念的核心内容。任何将所接受的输入转化为输出的活动都可以视为过程。组织为了能有效地运作，必须识别并管理许多相互关联的过程。一个过程的输出会直接成为下一个过程的输入。组织系统地识别并管理过程以及过程之间的相互作用，被称为“过程方法”。所谓系统管理，即针对设定的目标，识别、理解并管理一个由相互关联的过程所组成的体系，有助于提高组织的有效性和效率。系统方法的特点在于它围绕某一设定的方针和目标，确定实现这一目标的关键活动，识别由这些活动构成的过程，分析这些过程间的相互作用和相互影响的关系，按某种方式或规律将这些过程有机地组合成一个系统，管理由这些过程构成的系统，使之协调地运行。持续改进的最终目的是提高组织的有效性和效率，包括改善产品的安全特性、提高过程有效性和效率所开展的所有活动。通过测量分析现状、建立目标、寻找解决办法、实施解决办法、测量实施结果，直至纳入文件等活动，实现不断的计划、实施、检查、改进的循环。以上原则在ISO22000标准中主要体现在以下几个方面。

1.食品安全目标导向

建立一个系统，以最有效的方法实现组织的食品安全方针和目标。由组织的最高管理者制定食品安全方针，并进行相关的沟通。食品安全方针应得到可测量的目标的支持。

2.过程的识别和危害分析

组织应策划和开发安全食品实现所需的过程，在实施基础设施、卫生操作、良好生产规范的基础上，对食品安全危害造成不良后果的严重程度及其发生的可能性进行危害分析并确定显著危害，作为HACCP计划控制的对象。

3.体系的实施和运行

有效的安全产品生产，要求和谐地整合不同类型的GMP、SSOP和详尽的HACCP计划。

4.体系的监视和测量

监视测量除了HACCP原理所包含的关键控制点的监控之外，还包含危害分析输入的持续更新，基础设施与维护，GMP、SSOP和HACCP计划中要素的实施和有效性，基础设施和维护方案，体系运行后危害水平降低的绩效，人力资源管理的有效性，最终产品的测试（必要时），内部审核等。对以上内容的验证结果再进行评价和分析，对GMP、SSOP和HACCP计划的有效性进行确认，将验证和确认的结果输入持续改进。监视和测量建立在基于事实的决策方法的基础上，对数据和信息的逻辑分析或直觉判断是有效决策的基础。依据准确的数据和信息进行逻辑推理分析，或依据信息做出直觉判断是一种良好的决策方法。利用数据和信息进行逻辑判断分析时可借助其他的辅助手段，如统计技术等。

5.持续改进体系

持续改进是组织的一个永恒的目标。组织应通过满足有关安全食品的策划和实现的要求，持续改进食品安全管理体系。持续改进的输入包括内部外部的沟通、管理评审、内部审核、验证结果的评价、验证活动结果的分析；控制措施组合的确认和食品安全管理体系的更新。

（三）强调交互式沟通的重要性

ISO22000标准在其“引言”中指出，相互沟通是食品安全管理体系的关键要素，在食品链中沟通是必需的，以确保在食品链各环节中的所有相关食品危害都得到识别和充分控制。这表明组织沟通的需要，包括在食品链中与其上游和下游组织的沟通。

（四）安全管理体系

满足法规要求的前提标准在“引言”中指出：“本标准旨在协调全球范围内的食品链中食品安全管理在经营上的要求。本标准专用于寻找比法律的通常要求更明确、和谐和完整的食品安全管理体系的组织。本标准不用于制定规章目的的最低要求。”然而，这个标准要求组织将所有适用食品安全的有关法规和规章的要求融入食品安全管理体系中。

（五）体现风险控制理论的安全管理体系标准

在“应急准备和响应”中规定，最高管理者应考虑能够影响组织有关食品安全的潜在紧急情况和事故并表明如何管理，结果应包括在管理评审的输入中。

第五章 食品安全法规与标准体系

第一节 概 述

食品安全是一个国家经济持续稳定发展的基础，是社会稳定与繁荣的保证。食品安全问题已上升到国家公共安全的高度，而其涉及多部门、多环节，是一个复杂的系统工程。建立食品安全保障体系是实现食品安全的重点和战略目标。

食品质量与安全法规是指与食品生产、加工、贮运、销售和消费任一环节有关的，涉及食品质量与安全的法律、条例、指令和标准。食品质量与安全法规是企业生产、政府管理、消费者自我保护的准绳，是解决国际食品贸易纠纷和贸易技术壁垒的依据，在发展市场经济、保证公平交易和保护消费者健康方面具有根本性的作用和意义。

我国现有的食品安全法律法规的制定大部分集中在20世纪80年代到90年代中期，由于出台早，受立法宜粗不宜细思想的影响，造成其可操作性差，如有些法律法规条文或因过于笼统难以执行，或因标准欠缺难以执行。1995年《中华人民共和国食品卫生法》实施以来，虽然取得了监控和监管效果，但仍存在相关条款注释不明且滞后修改的新内容，导致了食品监管部门在执法过程中出现无法可依的情况。2004年国务院《关于进一步加强食品安全工作的决定》（国发［2004］23号）明确规定，农业、质检、工商、卫生等部门分别负责初级农产品生产环节、食品生产加工环节、食品流通环节、餐饮业和食堂等消费环节的监管，食品药品监管部门负责对食品安全的综合监督、组织协调和依法组织查处重大事故。但是《中华人民共和国食品卫生法》却没有做相应的修订。除此之外，我国的《食品卫生法》还存在重要制度欠缺，导致体系出现结构性漏洞，如无食品安全风险评价制度、食品溯源、召回制度及食品安全重大事故归责原则等。随着时代的进步、社会的发展及食品生产、经营领域的拓宽，20世纪90年代修订的《中华人民共和国食品卫生法》没有考虑到和想到的空白越来越多，许多条款和罚责都已不适应现状。

《中华人民共和国食品卫生法》实施十几年来，正值我国社会转型和改革开放的关键时期，食品安全出现了一些新情况、新问题，不少食品存在安全隐患，食品安全事故时有发生，特别是2008年发生的三鹿奶粉事件更是为我国的食品安全监管工作敲响了警钟。为了从制度上解决问题，立法部门亟须对现行食品卫生制度加以补充、完善，制定部门全方位构筑我国食品安全法律制度的食品安全法，从制度上杜绝类似的食品安全事件再次发生。

2009年《中华人民共和国食品安全法》的颁布施行体现了预防为主、科学管理、明确责任、综合治理的食品安全工作指导思想，进一步明确了我国的食品安全监管体制，打造“从农田到餐桌”的全程监管，确保监管环节无缝衔接；借鉴国际先进的食品安全监管经验，建立食品安全风险评估和食品召回等制度，统一食品安全标准，加强对食品添加剂和保健食品的监管，完善食品安全事故的处置机制，强化监管责任，加大处罚力度，严格赔偿责任。《食品安全法》的颁布实施是我国食品产业的一件大事，是食品安全工作的里程碑，标志着我国的食品安全工作进入了新阶段。

第二节　食品安全法规体系

一、我国食品安全法律法规

自20世纪80年代以来，中国政府制定了一系列与食品质量与安全有关的法规。目前形成了以《中华人民共和国产品质量法》《中华人民共和国农业法》《中华人民共和国标准化法》等法律为基础，以《中华人民共和国食品安全法》《中华人民共和国农产品质量安全法》为核心，以《食品生产加工企业质量安全监督管理办法》《食品添加剂新品种管理办法》《保健食品注册管理办法（试行）》及涉及食品质量与安全要求的大量技术标准等法规为主体，以各省及地方政府关于食品质量与安全的规章为补充的食品质量与安全法规体系。

（一）《中华人民共和国食品安全法》

《中华人民共和国食品安全法》自2009年6月1日起施行，已由中华人民共和国第十二届全国人民代表大会常务委员会第十四次会议于2015年4月24日修订通过，自2015年10月1日起施行。

1.起草说明

1995年10月30日起施行的《中华人民共和国食品卫生法》，对保证食品安全、保障人民群众身体健康发挥了积极作用，我国食品安全的总体状况不断改善。但是，食品安全问题仍然比较突出，不少食品存在安全隐患，食品安全事故时有发生，人民群众对食品缺乏安全感。食品安全问题还影响我国产品的国际形象，人民群众对此反应强烈。产生这些问题的主要原因是现行有关食品卫生安全制度和监管体制不够完善，主要有以下五点：①食品标准不完善、不统一，标准中一些指标不够科学，对有关食品安全性评价的科学性有待进一步提高。②规范、引导食品生产经营者重质量、重安全，还缺乏较为有效的制度和机制。食品生产经营者作为食品安全第一责任人的责任不明确、不严格，对生产经营不安全食品的违法行为处罚力度不够。③食品检验机构不够规范，责任不够明确。食品检验方法、规程不统一，检验结果不够公正，重复检验还时常发生。④食品安全信息公布不规范、不统一，导致消费者无所适从，甚至造成消费者不必要的恐慌。⑤有的监管部门监管不到位、执法不严格，部门间存在职责交叉、权责不明的现象。为了从制度上解决这些问题，更好地保证食品安全，有必要对现行食品卫生制度加以补充、完善，制定食品安全法。

2.总体思路

《食品安全法》在总体思路上把握了以下几点：①建立以食品安全风险评估为基础的科学管理制度，明确食品安全风险评估结果应当成为制定食品安全标准、确定食源性疾病控制对策的重要依据。②坚持预防为主。遵循食品安全监管规律，对食品的生产、加工、包装、运输、贮藏和销售等各个环节，对食品生产经营过程中涉及的食品添加剂、食品相关产品、运输工具等各个有关事项，有针对性地确定有关制度，并建立良好生产规范、危害分析和关键控制点等机制，做到防患于未然。同时，建立食品安全事故预防和处置机制，提高应急处理能力。③强化生产经营者作为保证食品安全第一责任人的责任。通过确立制度，引导生产经营者在食品生产经营活动中重质量、重服务、重信誉、重自律，以形成确保食品安全的长效机制。据此，《食品安全法》规定了不安全食品召回制度、食品标签制度和索票索证等制度，并加大对食品生产经营违法行为的处罚力度。④建立以责任为基础，分工明晰、责任明确、权威高效，决策与执行适度分开，相互协调的食品安全监督体制。进一步明确地方人民政府对本行政区域的食品安全监管负责，赋予行政机关必要的权力，同时强化行政机关监管不到位承担的法律责任。⑤建立畅通、便利的消费者权益救济渠道。食品消费者有权检举、控告侵害食品消费者权益的行为，因食品、食品添加剂或者食品相关产品遭受人身、财产损害的，有依法获得赔偿的权力。

3.本法的适用范围

根据食品安全的特点和实际需要，借鉴国际通行做法、法律规定；食品的生产、流通以及餐饮服务，食品添加剂、食品相关产品的生产、经营和食品生产经营者使用食品添加剂、食品相关产品，以及对食品、食品添加剂和食品相关产品的安全管理，应遵守本法（第二条第一款）。

现行的、与食品安全直接有关的法律主要有《食品安全法》和《农产品质量安全法》。我国《农产品质量安全法》于2006年4月29日由十届全国人大常务委员会第二十一次会议通过，自2006年11月1日起施行。该法为了从源头上保证包括食用农产品在内的所有农产品质量安全，对农产品质量安全标准、农产品产地、农产品生产、农产品包装和标示等问题做出了规定。因此，制定《食品安全法》，应当处理好与《农产品质量安全法》的关系，保证食品“从农田到餐桌”安全的有关基本制度，做到统一或者相互衔接。据此，《食品安全法》规定，食用农产品的质量安全管理遵守《农产品质量安全法》的规定。但是，制定有关食用农产品的质量安全标准、公布食用农产品安全有关的信息，应当遵守本法的有关规定（第二条第二款）。

4.食品安全监管体制

为了解决食品安全监督管理中的突出问题，国务院确定了对食品安全实行分段监管的体制，即农业部门负责初级农产品生产环节的监管，质监部门负责食品生产加工环节的监管，工商部门负责食品流通环节的监管，卫生部门负责餐饮业和食堂等消费环节的监管，食品药品监管部门负责对食品安全的综合监督、组织协调和依法查处重大事故。这种体制有利于各司其职，对改善食品安全状况实际上也发挥了积极作用。现有六个部门参与食品安全监管，包括国家食品药品监督管理总局、国务院食品安全委员会、卫生部、农业部、国家质量监督检验检疫总局、工商行政管理总局，分别负责监管食品药品在生产、流通、消费等环节的安全性。但是，实践中这种体制也出现了一些新问题，主要是对食品安全风险评估、食品安全标准制定、食品安全信息公布等不属于任何两个环节的事项，由哪个部门负责不够明确，客观上就产生了部门职能交叉、责任不清的现象。

2013年4月18日，中国政府网公布《国务院关于地方改革完善食品药品监督管理体制的指导意见》（国发[2013]18号，下称《指导意见》），要求省、市、县三级食药监管机构改革，整合监管职能和机构。省、市、县级政府整合原来的食药监管、工商、质监部门及食安办的食药管理职能，组建食药监管机构，并由食药监管机构承担本级政府食品安全委员会的工作。《指导意见》要求，必须合理区分食品药品监督管理总局、卫生部、农业部等部门的监管边界；农业部门要落实农产品质量安全监管责任，加强畜禽屠宰环节、生鲜乳收购环节质量安全和有关农业投入品的监督管理；各地要合理划分食药监管部门和农业部门的监管边界，做好食用农产品产地准出管理与批发市场准入管理的衔接；卫生部门要加强食品安全标准、风险评估等工作。改革后，参与食品安全监管的部门减少到三家，有望改变食品安全监管“多龙治水”的格局。

5.食品安全风险评估

食品安全风险评估是对食品中生物性、化学性和物理性危害对人体健康可能造成的不良影响进行科学研究的过程。将食品安全风险评估结果作为制定食品安全标准和制定政策的科学依据，是人们对食品安全监管规律的深刻认识，已成为许多国家的普遍做法。据此，本法确立了食品安全风险评估制度，规定：国务院授权的部门会同国务院其他有关部门聘请医学、农业、食品、营养等方面的技术专家，组成食品安全风险评估专家委员会，对食品中生物性、化学性和物理性危害进行风险评估（第十三条）。

为了保证食品安全风险评估的结果得到利用，法律规定，食品安全风险评估结果应当作为制定、修订食品安全标准和对食品安全实施监督管理的科学依据；国务院授权负责食品安全标准制定的部门应当根据食品安全风险评估结果及时修订、制定食品安全标准；国务院授权负责食品安全风险评估的部门应当会同国务院有关部门，根据风险评估结果和食品安全监督管理信息，对食品安全状况进行综合分析，对可能发生较高程度安全风险的食品提出食品安全风险警示，由国务院授权负责食品安全信息公布的部门予以公布（第十六条、第十七条）。

6.食品安全标准

为了解决目前一种食品有食品卫生和食品质量两套标准的问题，法律规定，由国务院授权的部门负责制定统一的食品安全国家标准；没有国家标准的，可以制定地方标准。同时，法律还规定，除食品安全标准外，不得制定其他有关食品的强制性标准（第二十二条、第二十四条）。

为了保证食品安全标准的科学性和权威性，法律规定，制定、修订食品安全国家标准，应当根据食品安全风险评估结果，并充分考虑食用农产品质量安全风险评估结果，参照相关的国际标准，与我国经济、社会和科学技术发展水平相适宜，并广泛听取食品生产经营者和其他有关单位和个人的意见（第二十三条第二款）。食品安全国家标准应当经食品安全国家标准审评委员会审查通过；食品安全国家标准审评委员会由医学、农业、食品和营养等方面的专家，以及国务院农业主管部门和国务院食品生产、流通、餐饮服务监督管理部门的代表组成（第二十三条第一款）。

7.食品检验

为了规范食品检验机构和食品检验活动，保证食品检验数据和结论的客观、公正，法律规定：①除本法或者其他法律另有规定外，食品检验机构经国务院认证认可监督管理部门依法进行资质认定，方可从事食品检验活动（第五十七条第一款）；②食品检验机构资质认定的条件和检验规范，由国务院授权的部门制定（第五十七条第二款）；③食品检验实行食品检验机构与检验人负责制，由食品检验机构指定的检验人独立进行。检验人应当按照食品安全标准和检验规范对食品进行检验，保证出具的检验数据客观、公正，不得出具虚假的检验报告（第五十八条）。

为了从制度上解决重复抽检问题，法律规定，对监管部门已经抽检并获得合格证明文件的食品，其他监管部门不得另行抽检。并规定，食品安全监管部门应当购买抽取的样品，不得收取任何费用（第六十条）。

8.食品生产经营的主要制度

为了从制度上保证食品生产经营者成为食品安全的第一责任人，法律规定，除规定食品生产经营许可、食品生产经营者安全信用档案等制度外，还规定了以下制度：

（1）生产经营食品的基本准则：法律规定，食品生产经营者生产经营的食品，有食品安全标准的，应当符合食品安全标准；没有食品安全标准的，应当无毒、无害，符合应当有的营养要求和本法规定的其他要求（第二十七条）。同时明确规定，禁止生产经营含有国家明令禁用物质的食品，禁止生产或经营病死、毒死或者死因不明的动物肉类及其制品，禁止用非食品原料生产食品或者在食品中添加非食品用化学物质，禁止用回收食品作为原料生产食品，禁止生产经营营养成分不符合食品安全标准的专供婴幼儿的主辅食品等（第二十八条）。

（2）食品标签制度：法律规定，预包装食品的包装上应当有标签，标签应当标明成分或者配料表、保质期、所使用的食品添加剂等事项（第四十二条）。法律同时还规定，食品和食品添加剂的标签、说明书、包装不得含有虚假、夸大的内容，不得涉及疾病预防、治疗、诊断功能；食品生产者对标签、说明书、包装上的声称承担法律责任（第四十八条）。

（3）索要票证制度：法律规定，食品生产者采购食品原料、食品添加剂、食品相关产品，应当查验供货方的食品生产许可证或者食品流通许可证、营业执照、食品出厂检验报告或者其他相关食品合格的证明文件（第三十六条）。同时，法律还规定，食品经营者采购食品，对已经实行食品安全监管码管理的，应当查验食品安全监管码；对尚未实行食品安全监管码管理的，应当查验供货者有无食品生产许可证或者食品流通许可证、营业执照，有无食品出厂检验报告或者其他有关食品合格的证明文件（第三十九条）。

（4）不安全食品召回制度：法律借鉴国际通行做法，从生产、经营两个方面确立了不安全食品召回制度。一是食品生产者发现其生产的食品不安全，应当立即停止生产，向社会公布有关信息，通知相关经营者停止生产经营该食品，消费者停止食用该食品，召回已经上市销售的食品，并记录召回情况。二是食品经营者发现其经营的食品不安全，应当立即停止经营，通知相关生产经营者停止生产经营该食品、消费者停止食用该食品，并记录通知情况。食品生产经营者对召回的食品应当采取销毁、无害化处理等措施，防止该食品再次流入市场（第五十三条）。

9.食品进出口

为了保障我国公民的生命安全和身体健康，对食品进口做了以下规定：①进口的食品、食品添加剂以及食品相关产品应当符合我国食品安全国家标准；②向我国境内出口食品的出口商或者代理商应当向国务院出入境检验检疫主管部门备案；向我国境内出口食品的境外食品生产企业应当在国务院出入境检验检疫主管部门注册；③进口预包装食品的标签、说明书应当符合本法以及我国其他有关法律、行政法规的规定和食品安全国家标准的要求（第六十五条、第六十六条）。

为了维护我国出口食品的良好形象，法律规定，出口的食品应当符合进口国（地区）的强制性要求，并经出入境检验检疫机构检验合格。海关凭出入境检验检疫机构签发的海关证明放行。出口食品生产企业和出口食品原料种植、养殖场应当向国务院出入境检验检疫主管部门备案（第六十八条）。

10.食品安全信息公布

针对食品安全信息公布不规范、不统一，公布的信息有的不够科学，造成消费者不必要恐慌等问题，法律规定，国家建立食品安全信息统一公布制度。食品安全信息、食品安全事故信息以及其他可能引起消费者恐慌的食品安全信息和国务院确定的需要统一公布的其他信息，由国务院授权负责食品安全信息公布的部门统一公布；公布上述信息，应当做到及时、客观、准确，并对不安全食品可能产生的危害加以解释、说明，避免引起消费者恐慌（第八十二条第一款、第三款）。同时规定，本法规定需要统一公布的信息，其影响限于特定区域的，也可以由省级人民政府的部门公布（第八十二条第二款）。

11.食品安全监管部门的权利和责任

针对目前食品安全监管中执行力不强、执法不严等问题，法律赋予监管部门制止、查处违法行为的必要权力，规定：食品安全监管部门履行食品安全监管职责时，有权进入生产经营场所实施现场检查；有权查阅、复制票据、账簿等有关资料；有权查封、扣押涉嫌违法的产品及用于生产经营或者被污染的工具、设备；有权查封违法从事食品生产经营活动的场所等（第七十七条）。根据权力和责任相一致的原则，同时还规定，食品安全监管部门不履行本法规定的职责或者滥用职权，依法给予处分；其主要负责人、直接负责人员和其他直接责任人构成滥用职权罪、玩忽职守罪的，依法追究刑事责任（第九十五条第二款）。

12.加大食品生产经营违法行为的处罚力度

为了切实保障人民群众的生命安全和身体健康，必须加大对食品生产经营违法行为的处罚力度。据此，法律对故意生产经营含有国家明令禁用物质的食品，经营病死、毒死或者死因不明的动物肉类或者生产经营这类动物肉类的制品，用非食品原料生产食品或者在食品中添加非食品用化学物质，用回收食品作为原料生产食品，生产经营营养成分不符合食品安全标准的专供婴幼儿的主辅食品等严重违法行为，规定了较为严厉的执法措施，主要是：构成犯罪的，依照刑法第一百四十三条、第一百四十四条的规定追究刑事责任（第八十五条）。对依照本法规定被吊销食品生产、流通或者餐饮服务许可证的单位，其直接负责的主管人员5年内不得从事食品生产经营活动的管理工作（第九十二条）。

（二）《中华人民共和国农产品质量安全法》

《中华人民共和国农产品质量安全法》已由中华人民共和国第十届全国人民代表大会常务委员会第二十一次会议于2006年4月29日通过，自2006年11月1日起施行。

农产品是指来源于农业的初级产品，即在农业活动中获得的植物、动物、微生物及其产品。农产品质量安全是指农产品的质量符合保障人的健康、安全的要求。农产品的质量安全状况如何，直接关系着人民群众的身体健康乃至生命安全。“民以食为天，食以安为先”，政府不但要保证老百姓吃得饱，还要保证老百姓吃得安全、吃得放心，这是坚持以人为本、对人民高度负责的体现。为了从源头上保障农产品质量安全，维护公众的身体健康，促进农业和农村经济的发展，国家制定出台了《农产品质量安全法》。

1.本法规定的基本制度

《农产品质量安全法》从我国农业生产的实际出发，遵循农产品质量安全管理的客观规律，针对保障农产品质量安全的主要环节和关键点，确立了7个基本制度。

（1）政府统一领导，农业主管部门依法监管，其他有关部门分工负责的农产品质量安全管理体制。

（2）农产品质量安全标准的强制实施制度。政府有关部门应当按照保障农产品质量安全的要求，依法制定和发布农产品质量安全标准并监督实施；不符合农产品质量安全标准的农产品，禁止销售。

（3）防止因农产品产地污染而危及农产品质量安全的农产品产地管理制度。

（4）农产品的包装和标识管理制度。

（5）农产品质量安全监督检查制度。

（6）农产品质量安全的风险分析、评估制度和农产品质量安全的信息发布制度。

（7）对农产品质量安全违法行为的责任追究制度。

2.本法对农产品产地管理的规定

农产品产地环境对农产品质量安全具有直接、重大的影响。抓好农产品产地管理，是保障农产品质量安全的前提。《农产品质量安全法》规定，县级以上政府应当加强农产品产地管理，改善农产品生产条件。禁止违反法律、法规的规定向农产品产地排放或者倾倒废水、废气、固体废物及其他有毒有害物质；禁止在有毒、有害物质超过规定标准的区域生产、捕捞、采集农产品和建立农产品生产基地。县级以上地方政府农业主管部门按照保障农产品质量安全的要求，根据农产品品种特性和生产区域的大气、土壤、水体中有毒有害物质状况等因素，认为不适宜特定农产品生产的，应当提出禁止生产的区域，报本级政府批准后公布执行。

3.农产品生产者在生产过程中应当保障农产品质量安全

生产过程是影响农产品质量安全的关键环节。《农产品质量安全法》对农产品生产者在生产过程中保证农产品质量安全的基本义务做了如下规定：

（1）依照规定合理使用化肥、农药、兽药、饲料和饲料添加剂等农业投入品，严格执行农业投入品使用安全间隔期或者休药期的规定，禁止使用国家明令禁止使用的农业投入品，防止因违反规定使用农业投入品危及农产品质量安全。

（2）依照规定建立农产品生产记录。

（3）对其生产的农产品的质量安全状况进行检测。农产品生产企业和农民专业合作经济组织应当自行或者委托检测机构对其生产的农产品的质量安全状况进行检测，经检测不符合农产品质量安全标准的，不得销售。

4.本法对农产品的包装和标识的要求

逐步建立农产品的包装和标识制度，对于方便消费者识别农产品质量安全状况，逐步建立农产品质量安全追溯制度，都具有重要作用。《农产品质量安全法》对于农产品包装和标识的规定如下：

（1）对国务院农业主管部门规定在销售时应当包装和附加标识的农产品，农产品生产企业、农民专业合作经济组织以及从事农产品收购的单位或者个人，应当按照规定包装或者附加标识后方可销售；属于农业转基因生物的农产品，应当按照农业转基因生物安全管理的规定进行标识。依法需要实施检疫的动植物及其产品，应当附具检疫合格的标志、证明。

（2）农产品在包装、保鲜、贮存、运输中使用的保鲜剂、防腐剂和添加剂等材料，应当符合国家有关强制性的技术规范。

（3）销售的农产品符合农产品质量安全标准的，生产者可以申请使用无公害农产品标识；农产品质量符合国家规定的有关优质农产品标准的，生产者可以申请使用相应的农产品质量标志。

（三）食品标签管理法规

1.《预包装食品标签通则》

根据《食品安全法》及其实施条例规定，2011年卫生部组织修订预包装食品标签标准，这是一项对食品行业进行有效管理的基础标准。新的GB 7718—2014

《预包装食品标签通则》充分考虑了GB 7718—2011《预包装食品标签通则》实施情况，细化了《食品安全法》及其实施条例对食品标签的具体要求，增强了标准的科学性和可操作性。

（1）建立食品标签的目的和作用：市场上供消费者选购的一切包装食品应具有食品标签。食品标签是指销售包装食品容器上的文字、图形、符号或附于容器上的一切说明物。建立食品标签主要有两个目的：一是作为沟通食品生产者、销售者和消费者的一种信息传播手段。这种信息的沟通使消费者通过食品标签标注的内容进行识别、自我安全卫生保护和指导消费。二是用来提供专门的信息，使有关行政管理部门据此确认该食品是否符合有关法律、法规的要求。这样就能使所有竞争者在一个公平的赛场上按同一条规则平等竞争。

（2）《预包装食品标签通则》的适用范围：①预包装食品标签的基本要求；②预包装食品标签的强制标示内容；③预包装食品标签强制标示内容的免除；④预包装食品标签的非强制标示内容。本标准适用于提供给消费者的所有预包装食品标签。

（3）《预包装食品标签通则》的主要内容

①基本内容

a.预包装食品标签的所有内容，应符合国家法律、法规的规定，并符合相应产品标准的规定。

b.预包装食品标签的所有内容应清晰、醒目、持久，应使消费者购买时易于辨认和识读。

c.预包装食品标签的所有内容，应通俗易懂、准确、有科学依据；不得标示封建迷信、黄色、贬低其他食品或违背科学营养常识的内容。

d.预包装食品标签的所有内容，不得以虚假的及使消费者误解或欺骗性的文字、图形等方式介绍食品；也不得利用字号大小或色差误导消费者。

e.预包装食品标签的所有内容，不得以直接或间接暗示性的语言、图形、符号，导致消费者将购买的食品或食品的某一性质与另一产品混淆。

f.预包装食品的标签不得与包装物（容器）分离。

g.预包装食品的标签内容应使用规范的汉字，但不包括注册商标。

h.可以同时使用拼音或少数民族文字，但不得大于相应的汉字。

i.可以同时使用外文，但应与汉字有对应关系（进口食品的制造者和地址，国外经销者的名称和地址、网址除外）。所有外文不得大于相应的汉字（国外注册商标除外）。

j.包装物或包装容器最大表面面积大于20cm²时，强制标示内容的文字、符号、数字的高度不得小于1.8mm。

我国对特殊膳食食品（婴幼儿食品、营养强化食品、调整营养素的食品）的标签另有专门的规定，请参看GB 13432—2013《预包装特殊膳食用食品标签》（2015年7月1日实施）。

②强制标示内容

A.食品名称

a.应在食品标签的醒目位置，清晰地标示反映食品真实属性的专用名称。当国家标准或行业标准中已规定了某食品的一个或几个名称时，应选用其中的一个或等效的名称。无国家标准或行业标准规定的名称时，应使用不使消费者误解或混淆的常用名称或通俗名称。

b.可以标示“新创名称”“奇特名称”“音译名称”“牌号名称”“地区俚语名称”或“商标名称”，但应在所示名称的邻近部位标示a.规定的任意一个名称。

c.为避免消费者误解或混淆食品的真实属性、物理状态或制作方法，可以在食品名称前或食品名称后附加相应的词或短语，如干燥的、浓缩的、复原的、熏制的、油炸的、粉末的、粒状的。

B.配料清单

a.预包装食品的标签上应标示配料清单。单一配料的食品除外。

配料清单应以“配料”或“配料表”作为标题。各种配料应按制造或加工食品时加入量的递减顺序一一排列；加入量不超过2%的配料可以不按递减顺序排列。如果某种配料是由两种或两种以上的其他配料构成的复合配料，应在配料清单中标示复合配料的名称再在其后加括号，按加入量的递减顺序标示复合配料的原始配料。当某种复合配料已有国家标准或行业标准，其加入量小于食品总量的25%时，不需要标示复合配料的原始配料，但在最终产品中起工艺作用的食品添加剂应一一标示。

在食品制造或加工过程中，加入的水应在配料清单中标示。在加工过程中已挥发的水或其他挥发性配料不需要标示。

可食用的包装物也应在配料清单中标示原始配料，如可食用的胶囊、糖果的糯米纸。

b.各种配料应按A.标示具体名称，但下列情况除外。

甜味剂、防腐剂、着色剂应标示具体名称，其他食品添加剂可以按GB 2760—2014《食品添加剂使用标准》的规定标示具体名称或种类名称。当一种食品添加了两种或两种以上着色剂时，可以标示类别名称（着色剂），再在其后加括号，标示GB/T 12493—1990《食品添加剂分类和编码》规定的代码。例如，某食品添加了姜黄、菊花黄浸膏、诱惑红、金樱子棕、玫瑰茄红，可以标示为“着色剂（102，113，012，131，125）”。

下列食品配料，可以按表5-1标示类别归属名称。

表5-1　食品配料及其类别归属名称

配料	类别归属名称
各种植物油或精炼植物油，不包括橄榄油	“植物油”或“精炼植物油”；如经过氢化处理，应标示为“氢化”或“部分氢化”
各种淀粉，不包括化学改性淀粉	“淀粉”
加入量不超过2%的各种香辛料或香辛料浸出物(单一的或合计的)	“香辛料”“香辛料类”或“复合香辛料”
胶基糖果的各种胶基物质制剂	“胶姆糖基础剂”
添加量不超过10%的各种蜜饯水果	“蜜饯”

c.当加工过程中所用的原料已改变为其他成分（指发酵产品，如酒、酱油、食醋）时，可用“原料”，或“原料与辅料”代替“配料”“配料表”，并按B.中a.的第二条标示各种原料、辅料和食品添加剂。

d.制造、加工食品时使用的加工助剂，不需要在配料清单中标示。

C.配料的定量标示

a.如果在食品标签或食品说明书上特别强调添加了某种或数种有价值、有特性的配料，应标示所强调配料的添加量。

b.如果在食品的标签上特别强调某种或数种配料的含量较低时，应标示所强调配料在成品中的含量。

c.食品名称中提及的某种配料未在标签上特别强调，不需要标示某种配料在成品中的含量。添加量很少，仅作为香料用的配料而未在标签上特别强调，也不需要标示香料在成品中的含量。

D.净含量和沥干物（固形物）含量

a.净含量的标示应由净含量、数字和法定计量单位组成，如“净含量450g”或“净含量450克”。

b.应依据法定计量单位，按以下方式标示包装物（容器）中食品的净含量。

液态食品：用体积L（升）、mL（毫升）。

固态食品：用质量g（克）、kg（千克）。

半固态黏性食品：用质量或体积。

c.净含量的计量单位应按表5-2标示。

表5-2　食品净含量的计量单位

计量方式	净含量Q范围	计量单位
体积	Q<1000mL，Q≥1000mL	mL(毫升)、L(升)
质量	Q<1000g，Q≥1000g	g(克)、kg(千克)

d.净含量字符的最小高度应符合表5-3的规定。

表5-3　食品净含量字符的最小高度

净含量Q范围	字符的最小高度(mm)
5mL＜Q≤50mL，5g＜Q≤50g	2
50mL＜Q≤200mL，50g＜Q≤200g	3
200mL＜Q≤1L，200g ＜Q≤1kg	4
Q＞1kg，Q ＞1L	6

e.净含量应与食品名称排在包装物或容器的同一展示版面。

f.容器中含有固、液两相物质的食品（如糖水梨罐头），除标示净含量外，还应标示沥干物（固形物）的含量。用质量或质量分数表示。

示例，糖水梨罐头净含量：425g。

沥干物（也可标示为固形物或梨块）：不低于255g，或不低于60%g。

g.同一预包装内如果含有互相独立的几件相同的预包装食品时，在标示净含量的同时还应标示食品的数量或件数。不包括大包装内非单件销售小包装，如小块糖果。

E.制造者、经销者的名称和地址

a.应标示食品的制造、包装或经销单位经依法登记注册的名称和地址。有下列情形之一的，应按下列规定予以标示。

依法独立承担法律责任的集团公司、集团公司的分公司（子公司），应标示各自的名称和地址。依法不能独立承担法律责任的集团公司的分公司（子公司）或集团公司的生产基地，可以标示集团公司和分公司（生产基地）的名称、地址，也可以只标示集团公司的名称、地址。受其他单位委托加工预包装食品但不承担对外销售的，应标示委托单位的名称和地址。

b.进口预包装食品应标示原产国的国名或地区区名，以及在中国依法登记注册的代理商、进口商或经销商的名称和地址。

F.日期标示和储藏说明

a.应清晰地标示预包装食品的生产日期（或包装日期）和保质期，也可以附加标示保存期。例如，日期标示采用“见包装物某部位”的方式，应标示所在包装物的具体部位。

b.日期标示不得另外加贴、补印或篡改。

应按年、月、日的顺序标示日期。例如，2004 01 15（用间隔字符分开），20040115 （不用分隔符），2004-01-15（用连字符分隔），2004年1月15日。年代号一般应标示4位数字；难以标示4位数字的小包装食品，可以标示2位数字。

2.《预包装食品营养标签通则》

为满足食品市场的快速发展，GB 28050—2011《预包装食品营养标签通则》，2011年10月12日发布，并于2013年1月1日开始实施，适用于预先定量包装、直接提供给消费者的食品包装上向消费者提供食品营养信息和特征性的说明，包括营养成分表和营养声称。食品营养标签是预包装食品标签的一部分。

（1）建立食品营养标签的目的和作用：美国是对食品标签要求极为严格并且管理完善的国家，其在1994年强制要求标示营养标签，内容为能量+14项核心营养素（能量、由脂肪提供的能量百分比、脂肪、饱和脂肪、胆固醇、总碳水化合物、糖、膳食纤维、蛋白质、维生素A、维生素C、钠、钙、铁、反式脂肪酸）；加拿大2003年1月开始强制标示营养标签，内容为1+13［能量、脂肪、饱和脂肪、反式脂肪（同时标出饱和脂肪与反式脂肪之和）、胆固醇、钠、总碳水化合物、膳食纤维、糖、蛋白质、维生素A、维生素C、钙、铁］；我国台湾和香港地区2003年12月强制标示营养标签，其中台湾地区标示1+4（能量、蛋白质、脂肪、碳水化合物、钠），香港地区标示1+7（能量、蛋白质、碳水化合物、总脂肪、饱和脂肪、反式脂肪、糖、钠）。

营养标签标示不准确、不规范，不仅不能起到科学的引导作用，反而可能会产生误导。食品营养标签是及时向消费者展示营养信息的一种载体，但目前是否能够科学准确地标注仍然是今后值得关注和探讨的一个问题，这就对食品生产、加工的企业和监管部门提出了新的更高的要求。

（2）适用范围：《预包装食品营养标签通则》适用于直接提供消费者的普通预包装食品的营养标签。预包装食品是预先有一定质量或体积的包装好的食品，所以散装称重、计量称重的食品不属于《预包装食品营养标签通则》的适用范围。普通食品不包括专门加工的食品，其营养成分和含量与普通食品有明显区别，包括婴幼儿食品等。GB 7718—2011《预包装食品标签通则》中首次提出“非直接提供消费者的预包装食品”的概念，即提供给餐饮企业或其他食品企业进行再加工的半成品或食品原料。非直接提供消费者的预包装食品，可以参照此标准执行，但不是强制标示在标签上。

（3）主要内容：一切标示的准则要求标示内容真实、客观、使用中文，并且营养成分表应以方框表形式展现（特殊情况除外），表题为“营养成分表”，成分含量应标示具体数值，不能使用范围标示，如：“≥××，≤××，××-××”。

强制内容1+4必须标示，即能量和蛋白质、脂肪、碳水化合物、钠四项核心营养素必须标示含量和NRV%，并且在同时标示有其他营养成分时，1+4应更显著。若标签进行任何形式的声称，要标注声称营养成分的含量和NRV%。若使用营养强化剂，要标注强化的营养成分的含量和NRV%，其中食品营养强化剂的使用范围和使用量要符合GB 14880—2012《食品营养强化剂使用标准》中的规定，但GB 14880—2012中的限量指标是规定该强化剂的使用量，由于食品本底中营养成分含量不确定，营养成分表中标注的是该强化的营养成分在食物中的含量。当营养强化剂又是食品添加剂，如仅作为食品添加剂，在食物成品中不起到强化作用时，可以不标示；使用氢化和部分氢化油脂，如人造奶油、起酥油、代可可脂（未使用氢化油的除外），须标示反式脂肪（酸）的含量。

（四）保健食品的卫生管理

20世纪80年代末以来，我国保健食品迅速发展。为了加强保健食品的监督管理，保证保健食品质量，卫生部于1996年6月1日发布了《保健食品管理办法》，使我国保健食品管理纳入法制化轨道。此后由于保健食品主管部门发生变化，国家食品药品监督管理局颁布了第19号令《保健食品注册管理办法（试行）》，于2005年7月1日起施行。新《保健食品注册管理办法》（以下简称《办法》）与旧的《保健食品管理办法》相比有许多新的内容。

1.保健食品不能以治疗疾病为目的

《办法》明确规定，保健食品是指声称具有特定保健功能的食品，即适宜于特定人群食用，具有调节机体功能，不以治疗疾病为目的，并且对人体不产生急性、亚急性或慢性危害的食品。保健食品是食品的一个种类，具有一般食品的共性，可以是普通食品的形式，也可以使用片剂、胶囊等特殊剂型；标签说明书可以标示保健功能，而食品的标签不得标示保健功能。保健食品与药品的主要区别是，保健食品不能以治疗疾病为目的，但可以声称具有保健功能，不能有任何毒性，可以长期使用；而药品应当有明确的治疗目的，并有确定的适应证和功能主治，可以有不良反应，有规定的使用期限。

2.保健食品注册申请的技术要求提高

与旧法规文件相比，新制定的《办法》规定，申请人在申请保健食品注册时，必须提供产品研发报告；申请新功能的，必须同时提供功能研发报告。在审查过程中，增加了对申请注册的保健食品的试验情况和样品试制情况进行现场核查的程序，以确保试验数据和样品的真实性。增加了对样品进行样品检验和复核检验的内容，以确保申报样品的质量标准与申请注册的产品的质量标准一致。

保健食品人体试食试验不需要经过审批，但是必须在完成动物毒理学安全性评价和动物功能试验后方可进行，其试验的对象以产品的适宜人群为主体，绝大部分为健康人群和亚健康人群，多数情况下不需在医疗机构进行，即便是需要在医疗机构进行的，也不要求进行临床住院观察。而药品的临床研究必须经过审批，在获得临床研究批准证书之后方可进行，承担临床试验的单位为确定的医疗机构，临床观察的对象必须是住院治疗的患者。

3.保健食品允许申报新功能

旧的法规文件规定，受理和审批的功能必须是卫生部公布的27种功能，不在公布范围内的功能不得申报。新《办法》允许申报不在公布范围内的功能，但是申请人必须先自行进行动物试验和人体试食试验，并向国家食品药品监督管理局确定的检验机构提供功能研发报告（包括功能学评价方法等），确定的检验机构对其功能学评价方法和试验结果进行验证后方可申报。

4.审批程序简化，审批时限缩短

新《办法》对变更事项进行了分类，对不需要技术审评而且可以通过事后监督的方式来解决的变更事项采取了备案制。旧的法规文件对保健食品注册申请没有明确审批时限。一个新产品的注册申请在不需提交补充资料的情况下，从受理到审批至少需要8个月的时间。新《办法》不仅对保健食品受理、审批、检验的时限做了明确的规定，同时还将新产品的注册时限缩短为5个月。

5.保健食品批准证书类似于新药证书

国产保健食品批准证书是产品的批准证明文件，类似于新药证书。申请人可以是公民、法人或者其他组织。它的取得只需提供技术资料和样品等，而不需具备生产条件。证书取得后，如需生产，必须向当地省级卫生行政部门提出申请，省级卫生行政部门对其生产条件进行核查后，对符合要求的，核发卫生许可证。进口保健食品批准证书与进口药品注册证一样，是允许产品进口并在我国境内上市销售的证明文件。

（五）进出口食品的卫生管理

进出口食品的卫生问题关系到国家的信誉和消费者的利益。食品是国际贸易中的大宗商品，也是我国进出口贸易的重要商品。随着我国对外贸易的发展，进出口食品的数量与品种不断增加。进出口食品因卫生质量不符合要求而造成索赔、退货、销毁等问题也时有发生。因此，为了维护国家的信誉和消费者的利益，就必须加强进出口食品的卫生管理。

1.进口食品的卫生管理

进口食品的卫生问题是关系到保障人民健康、维护国家主权的大事。在我国食品卫生法规、条例及食品卫生管理办法中，对进出口食品的卫生管理做出了明确规定，其主要内容如下。

（1）进口的食品、食品添加剂、食品容器和食品包装材料（以下统称食品），必须符合我国的卫生标准和卫生管理办法的规定。

（2）进口部门和单位订货时，必须按照我国规定的食品卫生标准和卫生要求签订合同。进口单位在申报检验时应当提供输出国（地区）所使用的农药、添加剂、熏蒸剂等的有关资料和检验报告。这是为了防止输出国使用我国规定以外的各种化学物质或超剂量使用等，而对人体健康可能产生的危害。

（3）需要进口我国尚无卫生标准或卫生要求的食品时，进口部门必须将输出国食品卫生标准书面合同报经卫生部门同意后再签订合同。如无输出国标准，则应由卫生部门会同外贸部门提出标准后再签订合同。

（4）进口食品到达国境口岸前，由收货人或其代理人填写“报验单”向口岸食品卫生检验所报验。海关凭国境食品卫生监督检验机构的证书放行。

（5）进口食品必须由各口岸食品卫生检验所采样检验，食品经营部门接到该批食品卫生检验合格的报告后，方可出售和供食用。

（6）进口食品如不符合我国食品卫生标准或卫生要求，应由口岸食品卫生检验所对外出具“卫生检验证书”，连同处理意见通知收货人或其他代理人。对不符合我国食品卫生标准和卫生要求的食品，应根据其污染情况和危害程度，实行退货、销毁、改作他用，或经无害化处理后供食用。

（7）进口食品的标签内容必须符合我国GB 7718—2011《预包装食品标签通则》的有关规定，如标签中没有中文标识，则应做好标签再补充工作，达到《预包装食品标签通则》要求后，方可投入市场销售。

2.出口食品的卫生管理

出口食品在我国对外贸易中占有重要地位。我国出口食品主要有谷物、肉类、罐头、水产品、酒类、蜂蜜、水果、蔬菜、干果、干菜等，其中不少是我国的独特产品，在国际市场上享有很高的声誉。由于世界各国对食品安全问题的日益重视，许多国家都制定了各种食品安全法令、条例，加强了对进口食品的检验和管理，对我国的出口食品提出了严格的安全和质量要求。我国对出口食品卫生管理的主要内容如下。

（1）生产出口食品的厂（库）应在国家商品检验机构注册，达到“出口食品厂（库）最低卫生要求”，获得注册证书和批准编号后方可生产。向美国出口低酸性罐头食品的厂家，还应预先向美国食品与药物管理局（FDA）申请注册登记。

（2）出口食品由国家进出口商品检验部门进行监督、检验。出口食品应符合进口国的合同规定并进行检验。商检机构应严格把关，对不合格产品不出证、不放行。出口部门应加强对出口食品的进货验收和出口检验工作，切实做到对不合格产品不收购、不出口。

(3) 商品检验部门应加强对出口食品厂（库）的卫生监督和对出口食品品质、卫生质量的检验工作。对已注册厂的卫生条件下降或出口食品卫生质量不符合要求的，则应根据情况分别予以警告、限期改进或吊销注册证明和编号等处罚。

二、国外食品安全法律法规

（一）国际食品法典委员会（CAC）

国际食品法典委员会（CAC）是由联合国粮农组织（FAO）和世界卫生组织（WHO）共同建立，以保障消费者的健康和确保食品贸易公平为宗旨的一个制定国际食品标准的政府间组织。

食品法典委员会负责向FAO及WHO的总干事就所有有关FAO和WHO食品标准项目（FAO/WHO food standard programme）运行的事项提出建议，并进行磋商，其目的在于：

①保护消费者的健康，维护食品的公平贸易；

②尝试与国际政府间组织或非政府组织进行接触，并促进所有食品标准项目上的合作；

③通过并在适宜的组织帮助下，确定食品标准的起始和优先发展领域，引导食品标准的草案筹备工作；

④在上述第③款的基础上完成标准的详细制定，经各国政府采纳后，以地区性或世界性标准出版食品法典，并会同上述第②款提及的各种国际组织颁布的、无论何处可执行的标准，形成食品法典；

⑤随形势发展，在适宜的调查后修订已出版的标准。

1.食品法典的制定

食品法典委员会采用危险性分析的方法制定CAC标准、准则或规范的关键因素，包括危险性评估、危险性管理和危险性信息。CAC要求所有的分委会介绍他们使用的危险性分析方法，这些资料是所有未来标准的基础。

1962—1999年CAC已制定的标准、规范数目：食品产品标准237个；卫生或技术规范41个；评价的农药185个；农药残留限量2374个；污染物准则25个；评价的食品添加剂1005个；评价的兽药54个。

已出版的食品法典共13卷，内容涉及食品中农药残留，食品中兽药残留，水果蔬菜，果汁，谷、豆及其制品，鱼、肉及其制品，油、脂及其制品，乳及其制品，糖、可可制品、巧克力，分析和采样方法等诸多方面。

《食品法典程序手册》中提供了《商品法典标准的格式与内容》，这一文件包括以下类别的信息：

（1）范围，包括标准的名称。

（2）标准描述、基本构成和质量因素，界定食品至少要达到的标准。

（3）食品添加剂仅包括FAO和WHO允许使用的添加剂。

（4）污染物。

（5）卫生学、重量和操作方法。

（6）标签应和预包装食品标签法典标准（总纲）的要求相一致。

（7）抽样和分析的方法。

除商品标准之外，食品法典还包括总纲标准，总纲还应用于跨行业界限的所有食品，没有什么产品可以例外。以下是总纲标准推荐的内容：①食品标签；②食品添加剂；③污染物；④抽样和分析方法；⑤食品卫生；⑥营养学和特殊膳食食品；⑦食品进出口调查和验证体系；⑧食品中的兽药残留；⑨食品中的农药残留。

CAC及其附属机构处理修订法典标准和相关文本的事宜，以确保法典标准能反映当代科学知识的发展。委员会的每一个成员都有义务确认和提供新的科学及相关信息给合适的专业委员会，以证实现存标准和文本是否应予以修订。修订标准的程序与最初制定标准的程序相同。

食品法典的结构：

卷1A——总要求；

卷1B——总要求（食品卫生）；

卷2A——食品中的农药残留（总纲）；

卷2B——食品中的农药残留（最大残留限量）；

卷3——食品中的兽药残留；

卷4——特殊膳食食品（包括婴儿和幼儿食品）；

卷5A——加工和速冻水果、蔬菜；

卷5B——鲜食水果、蔬菜；

卷6——果汁；

卷7——粮食、豆类及提取物、植物蛋白；

卷8——油脂及油脂制品；

卷9——鱼和水产品；

卷10——肉及肉制品，汤羹类；

卷11——糖、可可制品、巧克力及其制品；

卷12——乳和乳制品；

卷13——抽样和分析方法。

这些法典中包括总原则、总纲标准、定义、代码、商品标准、方法和建议。这些内容被很好地组织起来，以便于查询。

2.食品法典委员会附属机构

根据食品法典委员会办事程序章程多，委员会有权建两类机构：其一，法典专业委员会，主要是起草提案提交给委员会；其二，合作委员会，通过区域或会员国家集团之间的合作，在区域开展食品标准化活动，包括发展区域性标准。

这种委员会体系的一个特点是，每一专业委员会都挂靠于某一成员国，该成员国对该专业委员会的经费维持负首要责任，并负责日常管理、提名主席人选等(除少数委员会例外)。

（1）专业委员会

专业委员会被如此称呼，是因为其工作涉及的食品范围很宽广。专业委员会有时被称作“横向委员会”。

①总则专业委员会，挂靠于法国；

②食品标签专业委员会，挂靠于加拿大；

③抽样与分析方法专业委员会，挂靠于匈牙利；

④食品卫生专业委员会，挂靠于美国；

⑤农药残留专业委员会，挂靠于荷兰（注：现挂靠于中国）；

⑥食品添加剂和污染物专业委员会，挂靠于荷兰（注：现挂靠于中国）；

⑦进出口调查和验证体系专业委员会，挂靠于澳大利亚；

⑧营养与特殊膳食专业委员会，挂靠于德国（也是营养总委员会）；

⑨食品兽药残留专业委员会，挂靠于美国；

⑩肉类和畜产品卫生委员会，挂靠于新西兰。

在一般情况下，这些委员会开发覆盖全领域的概念和原理应用于一般的、特殊的食品或食品族群中；认可或复查法典商品标准的相关条款，并在专家团建议的基础上，提供有关消费者健康和安全的主要建议。

（2）特殊商品委员会

特殊商品委员会负责开展特定食品或某类别食品的标准工作。为了和“横向委员会”相区别，并考虑到其工作内容的专有性，特殊商品委员会常被称为“纵向委员会”。

①油脂委员会，挂靠于英国；

②鱼类和水产品委员会，挂靠于挪威；

③乳及乳制品委员会（前身是FAO/WHO乳及乳制品政府专家委员会），挂靠于新西兰；

④鲜食果菜委员会，挂靠于墨西哥；

⑤可可和巧克力制品委员会，挂靠于瑞士；

⑥食糖委员会，挂靠于英国；

⑦果菜加工委员会，挂靠于美国；

⑧植物蛋白委员会，挂靠于加拿大；

⑨谷物和豆类委员会，挂靠于美国；

⑩天然矿泉水委员会，挂靠于瑞士。

专题委员会在需要时聚会，当法典委员会决定其工作已完成时，就进入休会期或解散。在一些非正式工作组的基础上，为形成特定食品的新标准，也可以成立新的专题委员会。挂靠国召集法典附属委员会开会的时间间隔按需要为1～2年。出席某些专业委员会的人数几乎与法典委员会全会的人数相当。

（3）合作委员会

合作委员会没有专门的挂靠国。会议在非正式工作组的基础上，由法典委员会同意，在该合作区域内的某一国举办。目前有6个合作委员会，分别在以下地区：

①非洲；

②亚洲；

③欧洲；

④拉丁美洲和加勒比海地区；

⑤近东；

⑥北美洲和西南太平洋地区。

合作委员会有极为重要的地位，以确保法典委员会在各个区域内的响应，并关注发展中国家。大会每1～2年举办一次，从各个地区的国家中产生代表。大会报告提交给法典委员会并由法典委员会讨论。

（4）工作组（非正式政府间工作组）

为了加快一些特定主题的工作，法典委员会也建立一些短期的非正式政府间工作组，一般期限不超过5年。最早的三个工作组是1999年建立的。

①生物技术提取食品工作组，挂靠于日本；

②动物饲料工作组，挂靠于丹麦；

③果汁和蔬菜汁工作组，挂靠于巴西。

3.食品法典委员会指导方针和推荐的操作规程

国际食品法典委员会对保护消费者健康的重要作用已在1985年联合国第39/248号决议中得到强调，为此国际食品法典委员会指南采纳并加强了消费者保护政策的应用。该指南提醒各国政府应充分考虑所有消费者对食品安全的需要，并尽可能地支持和采纳国际食品法典委员会的标准。

国际食品法典委员会与国际食品贸易关系密切，针对业已增长的全球市场，特别是作为保护消费者而普遍采用的统一食品标准，国际食品法典委员会具有明显的优势。因此，《实施卫生与植物卫生措施协议》（SPS）和《技术性贸易壁垒协议》（TBT）均鼓励采用协调一致的国际食品标准。作为乌拉圭回合多边贸易谈判的产物，SPS协议引用了法典标准、指南及推荐技术标准，以此作为促进国际食品贸易的措施。因此，法典标准已成为在乌拉圭回合协议法律框架内衡量一个国家食品措施和法规是否一致的基准。

食品法典的“总原则”详细说明了各成员国可能“接受”法典的途径。因法典标准形式的不同，采用法典的方式稍有不同，但总的来说有三种采用形式：等同采用（full acceptance）、等效采用（acceptance with minor deviations）和自由采用（free distribution）。这些采用方式在“总原则”中有明确的界定，而且在经验基础上，对其适用性也做了描述。

出台这些原则和规程的直接意图是为了让消费者远离食源性危害。例如，“总原则”中规定了食品添加剂应用、食品进出口调查和验证体系，以及附加的食品基本营养素等方面的内容。

食品法典中还包括范围广泛的导则（指导方针），以保护消费者的权益。这些导则包含了多种多样的内容，诸如《营养和健康宣称使用导则》（*Guidelines for Use of Nutrition and Health Claims*）等文件。

食品法典中也包括一些操作规程，主要包括一些卫生操作规程，一为食品的生产提供指引，使食品是安全和宜于消费的——换话说，其目的也是为了保护消费者的权益。《推荐的国际操作规程——食品卫生学原则（总纲）》适用于所有食品。这一文件对保护消费者十分重要，因为它基于食品安全学的坚实基础，并着力于从初级产品直至最终消费的全食品链，强调在每一环节上都要采用关键卫生控制。

《食品卫生学原则（总纲）》由一些具体的卫生操作规范支撑，这些特别的卫生操作规范应用于以下领域：①低酸性食品和低酸性罐头食品；②低酸性食品的杀菌过程和包装；③集中供应膳食的预处理与烹调；④街头小吃的制备与发售（是拉丁美洲和加勒比海地区的区域性标准）；⑤调味品和干菜；⑥罐头装果菜制品；⑦水果干；⑧椰蓉；⑨脱水水果和蔬菜，包括食用真菌；⑩树生坚果；⑪花生；⑫加工肉产品和禽产品；⑬禽产品加工；⑭蛋产品；⑮蛙腿加工；⑯鲜肉；⑰机械化分割肉和禽肉产品以备深加工使用时的处理和保藏；⑱天然矿泉水的采集、处理和销售。

食品法典中还包括《推荐的国际操作规程——兽药使用的控制》，其直接的目的是防止因使用兽药而对人类带来健康危害。

法典中还包括一些所谓“技术性操作规程”，这些操作规程的目的是确保食品按法典标准从事加工、运输和贮存，从而使到达消费者手里的最终产品是健康的，也是消费者所期望质量的产品。

4.中国与CAC

中国自1986年成为CAC成员国。中国CAC的联络点设在农业部，负责联络CAC总部和我国的各项活动，接受来自罗马CAC总部的信息，并搜集反馈意见给CAC总部。组织和协调工作，副组长负责对外联络。1994年我国建立了新的CAC协调小组，由卫生部、农业部、原国家质量技术监督局、原国家出入境检验检疫局、原对外经济贸易部、原国家化学工业局、原国家轻工局、原国家内贸局、国家粮食储备局及全国供销总社组成。

近年来，我国CAC协调小组和成员单位在各自范围内加强了食品法典工作，组建了法典专家组，研究国际食品法典标准，组织制定标准，召开HACCP等专业研讨会，组团参加国际会议，加强了与FAO、WHO及其成员国的联系，开展了国际交流与合作，推动了我国食品质量与安全法规的建设。

（二）美国食品质量与安全法规

美国食品与药物管理局（FDA）担负在总体上确保食品安全的职责，美国农业部承担肉类和禽类产品的安全质量管理的职责。美国政府的相关部门也承担相应的职责，商业部负责管理酒精、烟草，环境保护署负责管理农药的安全使用。

美国食品质量与安全法规包括美国《联邦食品、药物和化妆品法》及附加法规两部分。

1.美国《联邦食品、药物和化妆品法》

制定美国《联邦食品、药物和化妆品法》的目的是确保在美国州际进行贸易时，食品是安全、卫生、洁净、诚实包装和诚实标注的。法规短小精悍，确定总的原则，涉及食品的部分只有25页。法规赋予美国FDA拥有管理食品的权威，FDA可以依照本法规为各食品领域制定条例，如低酸食品罐装条件等。

（1）FDA在实施本法规时开展以下工作：①对食品企业进行定期和不定期的检查；②抽查在州际运输的食品原料和食品；③出版和实施食品添加剂、着色剂标准；④审查批准食品添加剂、着色剂；⑤检测食品中的农药残留；⑥审查检验进口食品；⑦以顾问形式，与地方食品检查检验机构合作开展工作；⑧在发生灾难时，与地方食品检查检验机构合作，检测和处理受污染食品；⑨规定和监督实施加工食品识别标准；⑩对不法行为提起诉讼，不法行为的处罚包括没收食品、关闭工厂企业、追究刑事责任和民事责任等；⑪与企业合作编写和阐明条例；⑫协助企业建立食品安全控制措施。

（2）该法案明确规定有下列情况之一者为食品掺假行为：①有毒、有害物质浓度超出标准规定的浓度；②含有不可降解的或不合适的污染物；③在不卫生的环境下制作处理食物；④加工原料为有病的动物；⑤省掉配方中的重要成分；⑥某一规定成分被另一非规定成分所替代；⑦增加重量（质量）或降低浓度，使得外观上更好一些；⑧使用未经批准的色素；⑨在不许可的地方进行辐射处理；⑩隐瞒产品缺陷。

（3）该法案对食品标识也做了明确规定，有下列情况之一者为标识不当：①包装和标签有误导性；②使用其他食品的名称；③其他食品的仿制品，除非在标签上的标注是仿制品；④不注明生产企业、包装企业、销售商的名称和地址；⑤不注明产品的通用名称及组成；⑥冒用其他食品的识别标准；⑦信息令人费解；⑧食品质量和容量与标注不相符；⑨声称具有特殊食疗效果，但没有按法规规定提供证明。

2.附加法规

（1）良好生产规范（GMP）：已在前文中介绍。

（2）联邦肉类检查法：该法规明确由农业部食品安全和检察署（FSIS）负责实施，对动物、屠宰条件、肉类加工设备进行强制性检查，肉类及肉制品必须加盖“美国农业部检查通过”印章以后方可进入美国州际贸易市场。此法规也适用于进口肉类及肉制品。非州际贸易的肉类及肉制品，按照州和城市的肉类法规进行管理。

（3）联邦家禽产品检查法规：基本与肉类检查法规相同，适用于家禽及其制品。

（4）联邦贸易委托法规：本法规对公平包装、标签、广告宣传做了规定。

（5）婴儿食品配方法规：本法规对生产婴儿食品的配方和质量控制过程做了规定。

（6）营养标识和教育法规：1990年通过的营养标识和教育法规，规定所有出售的食品都应标注营养标识，餐馆出售的食品和新鲜的肉禽制品除外。营养标识包括营养事实、健康声明和营养组分。营养事实是指每一份食品所含的营养成分（g），以及该成分占每日需要量的百分率（%）。营养事实属于强制性标注内容，健康声明和营养组成则是自愿性标注内容。

（7）州和市政法规：由州和城市制定的食品法规，主要管理没有进入州际贸易的食品质量与安全，确保公众健康，防止经济欺诈。

第三节　食品安全标准体系

我国食品安全标准体系始建于20世纪60年代，历经了初级阶段（20世纪60—70年代）、发展阶段（20世纪80年代）、调整阶段（20世纪90年代）和巩固发展阶段（20世纪90年代至今）四个阶段。经过四十多年的发展，中国食品安全标准体系的建设迈上了一个新台阶，目前已初步建立了一个以国家标准为主体，行业标准、地方标准、企业标准相互补充，门类齐全，相互配套，与中国食品产业发展、提高食品安全水平、保证人民身体健康基本相适应的标准体系。

一、标准及标准化

标准为在一定的范围内获得最佳秩序，对活动或其结果规定共同的和重复使用的规则、导则或特性的文件。该文件经协商一致制定，并经一个公认机构的批准。

这一定义揭示了“标准”这一概念具有如下几个方面的含义：

（1）标准的本质属性是一种“统一规定”。这一统一规定便是有关各方“共同遵守的准则和依据”。

（2）制定标准的对象的特征，即重复性。重复性是指同一事物反复多次出现。只有重复出现的事物，才有必要制定标准。

（3）标准产生的基础是指科研成果、技术水平和实践经验，并且经有关各方协商一致。

（4）标准文本有专门的格式和批准发布的程序。标准是以科学、技术和实践经验的结合成果为基础，经有关方面协商一致，由主管机构批准，以特定形式发布，作为共同遵守的准则和依据。

标准化即为在经济、技术、科学及管理领域的社会实践中，制定、贯彻、实施标准的全部过程，包括标准的起草、复审和修订。新中国成立后，我国标准化工作一直由政府管理。由于长期计划经济的影响，标准化工作存在许多问题，所以标准化工作、标准的模式必须改革。到一定时期，采标工作、标准化工作将不一定由政府统一管理。

二、食品安全标准体系

食品安全标准体系是指以系统科学和标准化原理为指导，按照风险分析的原则和方式对食品生产、加工、流通和消费即“从农田到餐桌”全过程各个环节影响食品安全和质量的关键要素及其控制所涉及的全部标准，按其内在联系形成的系统、科学、合理且可行的有机整体。

（一）制定食品标准的目的

食品标准是食品行业中的技术规范，它涉及食品领域的方方面面，包括食品产品标准、食品卫生标准、食品工业基础及相关标准、食品包装材料及容器标准、食品添加剂标准、食品检验标准以及各类食品卫生管理办法、食品企业卫生规范等。制定食品标准的目的主要有以下几个方面：

（1）保证食品的食用安全性。食品标准是衡量食品合格与否的手段。通过规定食品的感官指标、理化指标、微生物指标、检测方法、包装、贮存等一系列的内容，使合格食品具有令消费者放心的安全性，从而保证食品安全性，保障人类健康。

（2）国家对食品行业进行宏观管理的依据。食品工业已成为目前世界上第一大产业。每年的营业额高达2万亿美元以上，食品工业在我国经济建设中也有举足轻重的作用。国家在对食品行业进行管理时，离不开食品标准。依据食品标准可以鉴别以次充好、假冒伪劣食品，保护消费者利益，整顿和规范市场经济秩序，营造公平竞争的市场环境。

（3）食品企业科学微观管理的基础。食品企业管理离不开食品标准，食品标准是食品企业全面提高产品质量的前提，食品生产的每个环节，都要以食品标准为原则，随时随地监控一些控制指标，确保产品最终能达到合格。食品质量是整体概念，包括安全指标、营养指标、物理指标、化学指标、感官特性。食品标准是保证食品质量的有力措施。

（二）食品标准的分类

《中华人民共和国标准化法》第六条规定：对需要在全国范围内统一的技术要求，应当制定国家标准。国家标准由国务院标准化行政主管部门制定。对没有国家标准而又需要在全国某个行业范围内同意的技术要求，可制定行业标准。行业标准由国务院有关行政主管部门制定，并报国务院标准化行政主管部门备案，在公布国家标准后，该行业标准即行废止。企业生产的产品没有国家标准和行业标准的，应当制定企业标准，作为组织生产的依据。食品生产企业制定企业标准，应当在组织生产之前向省、自治区、直辖市卫生行政部门（下称“省级卫生行政部门”）备案产品企业标准。已有国家标准或者行业标准的，国家鼓励企业制定严于国家标准的企业标准，在企业内部使用。

1.按级别分类

尽管食品标准种类繁多，但按其级别可分为国家标准（用GB表示）、行业标准（用SB、NY、SN、QB等表示）、专业标准（用zBX或zBB表示）、地方标准和企业标准五级。从行政级别上来说，国家标准高于行业标准，行业标准和专业标准高于地方标准，地方标准高于企业标准。但内容上却不一定与级别一致，一般来讲，企业标准的一些技术指标应严于地方、行业或国家标准。

在食品行业，基础性的卫生标准一般均为国家标准，而产品标准多为行业或企业标准。但不论是哪种标准，其中的食品卫生标准必须与国家标准相一致，或严于国家标准。

国家标准又划分为强制性标准和推荐性标准。强制性标准必须执行，推荐性标准自愿采用。国家鼓励企业积极采用推荐性标准。

(1) 强制性标准

国家强制性标准是“国家技术规范的强制性要求”，根据定《中华人民共和国标准化法》第七条的规定，保障人体健康、人身和财产安全的标准和法律是强制性标准，行政法规定强制执行的标准也是强制性标准。食品卫生标准属于强制性标准，因为它是食品卫生的基础性标准，关系到人体健康。

(2) 推荐性标准

《中华人民共和国标准化法》第十四条规定，“推荐性标准，国家鼓励企业自愿采用”。依据上诉条文和解释，推荐性国家标准或行业标准具有以下作用：是指导企业制定企业标准的依据；是对产品进行质量认证的依据；是行业（产品质量）评比的依据；是评价企业标准水平的依据；推荐性标准一旦纳入国家指令性文件，就具有行政约束力；是政府采购的依据；是供需双方签订合同的依据；如果标签上表明的产品标准号是推荐性国家标准或行业标准，就是企业对消费者的明示担保，应作为监督检查的依据。

推荐性食品标准代号形式为：“GB/T ××××”，而强制性标准无“/T”，为“GB ××××”。如推荐性标准：GB/T 19480—2009《肉与肉制品术语》；强制性标准：GB 2762—2012《食品中污染物限量》。

2.按内容分类

从内容上分类，食品标准包括食品产品标准、食品卫生标准、食品工业基础及相关标准、食品包装材料及容器标准、食品添加剂标准、食品检验方法标准、各类食品卫生管理办法等。

除此之外，《食品企业卫生规范》以国家标准的形式列入食品标准中，它不同于产品卫生标准，它是企业在生产经营活动中的行为规范。它主要围绕预防、控制和消除食品的微生物和化学污染，保证产品卫生质量这一宗旨，对企业的工厂设计、选址和布局、厂房与设施，废水和废物的处理，设备、管道和工器具的卫生，卫生设施，从业人员个人卫生、原料的卫生、产品的卫生和质量检验以及工厂的卫生管理提出规范要求。我国的《食品企业卫生规范》就是根据各类食品的良好生产规范（GMP）、危害分析和关键控制点（HACCP）的原则而制定的。

（三）食品标准的内容

20世纪五六十年代，我国开始制定食品卫生标准，1983年颁布了《中华人民共和国食品卫生法》，1995年修订了《中华人民共和国食品卫生法》。到21世纪初，我国已颁布了近500项食品卫生标准，包括食品卫生标准和食品卫生检验方法。2000年，国家卫生部又按照标准化准则和WTO的原则，通过了425项新的卫生标准。2009年颁布了《中华人民共和国食品安全法》。

1.食品卫生标准

食品卫生标准是食品卫生的基础性标准，我国食品卫生标准可以分为感官指标、理化指标和微生物指标。但并非所有的卫生指标都有以上三项指标，主要依据需要而有所不同。

食品（包括原料和加工制品）都具有色、香、味、形等性状，食品性状不同，其品质也不同，可以通过感官进行鉴别。一般食品的性状多是用文字做定性的描述，进行鉴别时，也多是凭经验来评定。对食品的感官检验，包括检查食品的颜色、气味和组织形态三个方面。

理化指标是食品卫生指标中重要的组成部分，包括食品重金属离子和有害元素的限定，如砷、锡、铅、铜、汞的规定，食品中可能存在的农药残留、有毒物质（如黄曲霉毒素数量的规定）及放射性物质的量化指标都是食品卫生标准中理化指标的重要内容。根据食品卫生标准的不同和需要，卫生指标同时也可能增加一些其他化学指标作为理化指标。

微生物指标通常包括细菌总数、大肠菌群和致病菌三项指标，有的还包括酵母、霉菌指标。菌落总数是指食品检样经过处理，在一定条件培养后，所得1g或1mL检样中所含细菌菌落的总数，它可以作为判定食品被细菌污染程度的标志。大肠菌群是指一类需氧及兼性厌氧、在37℃能分解乳糖、产酸产气的革兰阴性无芽孢杆菌。

2.食品产品标准

食品产品标准一般包括范围、引用标准、相关定义、原辅材料要求、感官要求、理化指标、微生物指标、检验方法、检验规则、标志、包装、运输、贮藏。

在范围中，一般阐述标准的规定内容与适用范围。在引用标准中一般列入标准中引用到的相关标准目录，在文本中直接引用，不再重复其内容，尤其是些基础性的食品卫生方面及检测方法的标准，因为根据《中华人民共和国标准化法》第十条的规定，“制定标准应当做到有关标准的协调配套”。在定义中规定，标准中出现的较为模糊不定、容易造成混淆的行业术语，在定义过程中，明确其具体定义，有相关标准的，按标准要求。没有相关标准的原辅材料，应阐述它们的要求。感官要求一般表述产品的色泽、滋味和气味、组织形态等。产品的特性指标是指能反映产品特点并能对其质量起到控制作用的指标，如罐头食品的净含量和固形物含量的指标，蛋白质饮料的蛋白质含量等都是比较关键的产品特性指标，在理化指标中必须予以规定，以保证产品质量。产品卫生指标必须符合强制性的国家卫生标准的要求。凡是在标准中规定的理化指标和微生物指标均需要有相应的检测方法。

另外，食品产品标准中检验规则和有关标志、包装、运输和贮存的规定也是必不可少的。食品产品的保质期要求包括在产品标准的贮存规定之中，各种不同的食品产品，有不同的保质期要求。但并非所有食品都必须标注保质期，一些可以长期贮存的食品，如高度酒、食盐就可以不在标签上标注保质期。在保质期内，生产企业应保证产品的合格，不论是理化指标还是微生物指标，在保质期内均应符合产品标准要求。

3.其他食品产品标准

食品工业基础及相关标准、食品包装材料及容器标准和食品添加剂标准中规定的内容与食品卫生标准及产品标准基本相仿。但食品检验方法标准不同，它主要规定检验方法的过程，使用的仪器及化学试剂；各类食品卫生管理办法不同于一般标准的格式，虽然作为标准形式，但内容上主要是文字叙述的条款，结合《中华人民共和国食品安全法》对各类食品进行卫生监督管理。

三、食品标准的制定程序及编写要求

（一）食品标准的制定程序

食品标准的制定一般分为准备阶段、起草阶段、审查阶段和报批阶段。

1.准备阶段

在此阶段需查阅大量有关资料，其中包括相关的国际、国内标准和企业标准，然后进行样品的收集，进行分析、测定，确定能控制产品品质的指标项目，如特性指标中哪些是关键性的指标，哪些不是关键性指标，都是前期准备工作中需要确定的内容。在准备阶段，大量的试验是必须进行的。

2.起草阶段

标准起草阶段的主要工作内容有：编制标准草案（征求意见稿）及其编制说明和有关附件，广泛征求意见。在整理汇总意见基础上进一步制定标准草案（预审稿）及其编制说明和有关附件。

3.审查阶段

食品产品标准的审查分预审和终审两个过程。预审由各专业技术委员会组织有关专家进行，对标准的文本、各项指标进行严格审查；同时也审查标准草案是否符合《标准化法和标准化实施条例》，技术内容是否符合实际和科学技术的发展方向，技术要求是否先进、合理、安全、可靠等。预审通过后按审定意见进行修改，整理出送审稿，报全国食品标准化技术委员会进行最终审定。

4.报批阶段

终审通过的标准可以报批，行业标准报到上级主管部门，国家标准报到国家质量监督检验检疫总局，批准后进行编号发布，企业标准报到省级卫生主管部门备案。

（二）食品卫生标准的制定程序

食品卫生标准的制定程序包括食品卫生标准中有害化学物质、理化指标、微生物指标的制定程序。其基本制定程序主要为：收集样品，对样品进行分析测定，对测定数据卫生标准中有害化学物质（包括微生物毒素和放射性核素）的制定程序除上述程序之外，尚需通过以下五个步骤。

1.动物毒性试验

动物毒性试验是指研究实验动物在一定时间内，以一定剂量进入动物机体的外来化学物质所引起的毒性效应或反应的试验方法。它是食品毒理学研究的最基本方法。

2.确定动物最大无作用剂量（MNL）

一般情况下，化学物质所引起的对动物机体的毒性作用随着剂量逐渐降低而逐渐减弱。当化学物质的数量逐渐减到一定剂量时，不能再观察到它对动物所引起的毒性作用，这一剂量即为动物最大无作用剂量，以mg/kg体重表示。动物最大无作用剂量是评定外来化学物质毒性作用的重要依据。

3.人体每日允许摄入量（ADI）

这是人类终生每日摄入的该化学物质不危害人体健康的剂量，以mg/kg体重表示。ADI值当然不可能由人体试验测定，而是由动物试验结果换算而来。考虑到动物与人的中间差异，再考虑各人的个体差异即各人对该化学物质的敏感差异，以此确定安全系数，然后进行计算。安全系数通常取100，换算公式如下：

人体每日允许摄入量（ADI）=动物最大无作用剂量（MNL）×1/100（mg/kg体重）

4.全部摄取食品中的总允许量

人类每日允许摄入的化学物质不仅来源于食物，还可能来源于饮水和空气等。因此，必须首先确定该物质来源于食品的量占总量的比例，才能据此计算该物质在食品中的最高允许量。一般情况下，通过食品进入人体的达到80%～85%，而来自饮水、空气等其他途径者不足15%。

5.各种食品中的最高允许量

要确定一种化学物质在人体内所摄取的各种食品中的最高允许量，则需要了解含该物质的食品种类，并了解各种食品的每日摄入量。对多种食品，必要时还要了解各种食品最高允许量是否相同，然后根据以上情况再进行计算。

各种食品中的允许量标准，以上诉各种食品最高允许含量为基础，根据实际情况，可以做适当调整。如果实际含量低于最高允许量时，应将实际含量作为允许量标准。如果实际含量高于最高允许量时，则应找出原因并设法降低。原则上，允许量标准不能超过最高允许含量。

在具体制定时，还应考虑化学物质的毒性、特点和实际摄入情况，将标准从严制定或放宽。考虑的因素常有以下几点：

①考虑该化学物质在人体内的积蓄性及代谢特点，不易排泄或解毒者从严；

②考虑该化学物质的毒性特点，产生严重后果者（如致癌、致畸、致突变等）从严；

③考虑含有该物质的食品的使用情况，长时间大量使用者从严；

④考虑使用对象，供老人、儿童、病人食用者从严；

⑤考虑该化学物质在烹调加工过程中的稳定性，稳定性强者从严。

由上述情况得知，制定食品中的某化学物质的允许量标准时，带有一定的相对性。故标准制定后，还应进行验证。此外，随着科学技术的发展，允许量标准还应不断进行修订。

（三）食品标准的编写要求

依据GB/T13494-1992《食品标准编写规定》的要求，食品标准的正文部分内容包括主体内容与适用范围、引用标准、术语、产品分类、技术要求、实验方法、检验规则、标签和标志、包装、储存、运输与其他。下面对产品分类、技术要求、实验方法、检验规则、标签与标志、包装、运输、储存的具体编写要求作一介绍。

1.产品分类的编写要求

食品产品可根据需要按品种、原料、工艺、成分、形态、用途、包装、规格等进行分类。当分类部分的某些要求属于需要检验的技术指标时，应在“技术要求”中加以规定。较高层次的分类可制定为单独的标准，具体食品的分类应作为产品标准的一部分。

2.技术要求的编写

产品标准中记述的主要内容就是对产品质量指标的规定，它是构成产品标准的重要核心部分。技术要求的编写应充分考虑食品的基本成分和主要质量因素、外观和感官特性、营养特性和安全卫生要求，以及消费者的心理、生理因素等，尽可能定量地提出技术要求。能分级的质量要求，应根据需要，做出合理的分级规定。

涉及感官、理化、生物学等各个方面的技术要求，应根据产品的具体情况，划分层次予以叙述。可以将技术要求划分为质量与卫生两类指标分别制定标准。标准中涉及安全、卫生指标的，如有现行国家标准或行业标准的可直接引用，或规定不低于现行标准的要求。

（1）原料和辅料要求

在技术要求中规定原料和辅料要求，主要是为了保证最终产品的安全卫生，使质量指标达到要求。所有原料、辅料不一定都规定要求，原则上对直接影响安全、卫生和产品质量的原料、辅料（包括食品添加剂和食品营养强化剂）做出规定。有现行国家标准或行业标准的直接引用；没有现行国家标准或行业标准时，可规定基本要求，也可以在附录中做出某种原料、辅料的规定，其要求不低于现行原料标准的要求。

（2）外观和感官要求

外观和感官要求一般应包括色泽、滋味和气味、外形（形态）、质地等。对外观和感官特性的规定要尽可能具体，对缺陷的规定要尽可能清晰。

（3）理化要求

应对食品的物理、化学指标做出规定。

a.理化指标，如净含量、固形物含量、比体积、密度等；

b.化学成分，如水分、灰分、营养素的含量等；

c.食品添加剂允许量；

d.农药残留限量；

e.兽药残留限量；

f.重金属限量。

理化要求中的指标应以最合理的方式规定极限值，或者规定上下限，或者只规定上限或下限。

（4）生物学要求

应对食品的生物学特性和生物性污染做出规定。

a.活菌酵母、乳酸菌等；

b.细菌总数、大肠菌群、致病菌、霉菌等；

c.寄生虫、虫卵等。

3.试验方法的编写要求

试验方法一般应采用现行标准试验方法。需要制定的试验方法如与现行标准试验方法的原理、步骤基本相同，仅是个别操作步骤不同的，应在引用现行标准的前提下只规定其不同部分，不宜重复制定。如没有现行标准试验方法可供采用时，可以规定试验方法。化学分析方法的编写格式按GB/T 20001.4-2001《标准编写规则 第4部分：化学分析方法》的规定。

4.检验规则的编写要求

检验规则主要包括：检验分类、每类检验所包含量的实验项目、产品组批、抽样或取样方法、检验结果的判定、复验规则。

（1）检验分类

包括交收检验（出厂检验）和例行检验（型式检验）。

交收检验（出厂检验）：规定交收检验的项目，应包括直接影响产品质量及容易波动的安全、卫生指标。

例行检验（型式检验）：应包括技术要求中的全部项目，对产品质量进行全面考核。有下列情况之一时，应规定进行例行检验：

a.新产品试制鉴定时；

b.正式生产后，如原料、工艺有较大变化，可能影响产品质量时；

c.产品长期停产后，恢复生产时；

d.出厂检验结果与上次例行检验有较大差异时；

e.国家质量监督机构提出进行例行检验的要求时。

正常生产时，定期或积累一定产量后，也应规定周期检验的期限。

（2）抽样与组批规则

根据产品特点规定抽样方案，包括抽样地点、环境要求、抽样保存条件等。组批可根据生产班次、作业线、产量或批量大小确定。抽样方案应能保证样品与总体的一致性。

（3）判定规则

对每一类检验均应判定规则，即判定产品合格、不合格的规则，并规定由于检验、式样误差需要进行复验的规则。

5.标签与标志的编写要求

标签内容可以写为“应按照GB7718-2011规定，在标签上标注产品名称、配料……”，也可以根据GB7718-2011的规定，写明详细标注内容。

标志指产品运输包装上的标注。具体标注内容除参考标签主要内容外，还应包括产品的收发货标志、贮运图示标志等。

6.包装、运输、贮存的编写要求

（1）包装

a.包装环境：可对包装环境的卫生条件、安全防护措施及温度、相对湿度做出规定。

b.包装材料：包装材料有现行标准时，应直接引用；无现行标准时，应规定可用材料的基本要求。

c.包装容器：可规定包装容器的类型、尺寸规格、外观要求、物理和化学性能等。

d.包装要求：可规定包装规格、包装程序及关键程序的注意事项、封箱和封口要求，捆扎要求等。

（2）运输

a.运输方式：指明运输工具等。

b.运输条件：指明运输时的要求，如遮篷、密封、温度、通风、制冷等。

c.运输注意事项：指明装、卸、运的特殊要求，以及某些食品的保险措施、预防污染措施等。

（3）贮存

应根据食品的特点规定贮存要求，一般包括：

a.贮存场所：指明库房、遮篷冷藏、冻藏等。

b.贮存条件：指明温度、湿度、通风、气调、对有害因素的预防措施等。

c.贮存方式：指明堆码方式、堆码高度、垛点要求等。

d.贮存期限：可指明与a—c项要求相适应的库存期限，还可以规定产品的保勇或保存期。

第六章 食品安全溯源及预警技术

第一节 概 述

目前，食品安全问题已引起各国政府的高度关注，许多专家学者开展了食品安全溯源及预警技术的研究，并结合各国的实际情况，制定了溯源及预警系统，从食品危害确认、风险评估、风险管理、风险交流等方面进行了广泛的研究。

我国2001年9月17日，国家质量监督检验检疫总局发布了《进出口食品、化妆品检验检疫风险预警及快速反应管理实施细则》，对预警的对象、风险评估、风险管理等有关问题作了详细的说明。在国际上，有代表性的是欧盟的食品快速预警系统，它采用PDF文件格式快速通报其成员国关于食品安全或食品标签等问题，保护消费者免受食品中的危害，并将不安全的食品召回。

一、食品安全溯源

食品安全溯源是指在食品链的各个环节中，食品及其相关信息能够被追踪（生产源头——消费终端）或者回溯（消费终端——生产源头），从而使食品的整个生产经营活动处于有效监控之中。

食品安全溯源系统是一个能够连接生产、检验、监管和消费各个环节，让消费者了解符合卫生安全的生产和流通过程，提高消费者放心程度的信息管理系统。系统提供了“从农田到餐桌”的追溯模式，建立了食品安全信息数据库，一旦发现问题，能够根据溯源进行有效的控制和召回，因此，从源头上保障消费者的合法权益。

二、食品安全预警

预警最早起源于德国，其核心是强调社会应通过前期的有效规划，防止或减少潜在的有害行为，从而减少对环境的破坏。随着食品安全问题逐渐成为全世界共同关注的焦点，预警被运用到食品安全领域。

预警即“预先警告”，具有两层含义：一是监测预防，即对目标事件进行常规监测，对事件的状态及其变动进行风险评估和判断，监测事件并防止事态的非正常运行；二是控制和消除危机，即目标事件因风险积累或放大，或突发事件而引发危机或有害影响，需对危机进行调控，以消除危机、稳定局面和恢复正常运作。

食品安全预警是指对食品中有毒、有害物质的扩散与传播进行早期警示和积极防范的过程。食品安全预警体系是为了达到降低风险、减少损失和避免发生食品安全问题，应有预警理论和方法，通过对食品安全问题的监测、追踪、分析和信息预报等一系列的过程，建立对食品安全问题预警的功能系统。预警的主要功能是预防和控制功能。建立完善的食品安全预警体系可以监控食品供给数量、质量和生产、制造环境的安全状况，同时能够在食品安全问题处于潜伏状态时发出预警，以防止食品安全问题的发生。

第二节　食品安全溯源技术

一、基本要素

（一）产品溯源

它是通过溯源确定食品在供应链中的位置或地点，便于后续和注册的管理、实施食品召回及向消费者或利益相关者告知信息。

（二）过程溯源

它是通过溯源确定在作物生长和食品加工过程中影响食品安全的行为活动，包括产品之间的相互作用、环境因子向食品中的迁移以及食品中污染的情况等。

（三）基因溯源

它是通过溯源确定食品的基因构成，包括转基因食品的基因源及类型，以及农作物的品种等。

（四）投入溯源

它是通过溯源确定种植和养殖过程中投入物质的种类及来源，包括配料、化学喷洒剂、灌溉水源、家畜饲料、保存食物所使用的添加剂等。

（五）疾病和害虫溯源

它是通过溯源追溯病害的流行病学资料和生物危害，包括细菌、病菌、污染食品的致病菌以及摄取的其他来自农业生产原料的生物产品。

（六）测定溯源

它是通过溯源检测食品、环境因子和食品生产经营者的健康状况，获取相关的信息资料。

二、关键技术

食品安全溯源关键技术包括：①物种鉴别技术，如DNA技术、虹膜识别技术；②自动识别技术，如耳标、条形码、矩阵码、无线射频识别技术（RFID）、全球定位系统（GPS）等；③电子编码技术，如ISO标准体系等电子编码体系。

（一）物种鉴别技术

物种鉴别技术是一项关键技术，它是通过对物种鉴别技术的应用，获得有关物质品种的信息。它包括脂质体技术、蛋白质分析技术、DNA技术及虹膜识别技术。

①脂质体技术：由于饱和、单不饱和及多不饱和脂肪酸中元素的比例是物种的重要标志，因此，脂类化合物和脂肪酸可以作为物种鉴别的关键物质。在实际中，可利用气相色谱及气相色谱-质谱法来检测动植物中脂肪酸的含量和比率，用于区分动植物的种类和品种。但这种方法容易受到多种因素的干扰，致使单一种类或混合种类的肉制品在检测中往往导致不确定性结果。

②蛋白质技术：蛋白质现已广泛用作物种鉴别的指标。用于物种鉴别的蛋白质技术主要有淀粉凝胶电泳、聚丙烯酰胺凝胶电泳以及琼脂糖凝胶电泳等。其特点为检测材料少、时间短、结果稳定性好、成本低、重复性高、技术简单。凝胶电泳对蛋白质的检测限为0.1%～1%，它取决于检测过程中蛋白质条带的清晰度。利用特定蛋白质条带图谱，可以区别动物的种类、品种和品系等。

③DNA技术：近年来，DNA技术被用于食品研究和食品控制中，可以对物种进行鉴定。DNA技术最初用于食品品种鉴定是利用特定DNA探针进行杂交分析，目前，DNA技术是鉴定动植物物种中发展最快的技术。

④虹膜识别技术：虹膜识别技术是利用模式识别、图像处理等方法对动物或人身所具有的生理特征和行为特征进行可靠、有效的分析和描述，通过判断这些描述的一致性来实现物种识别。虹膜识别技术稳定性好，准确率高，在人的身份鉴别中得到广泛应用。

（二）自动识别技术

自动识别技术是在计算机技术、光电技术、通信技术与信息技术基础上发展起来的一门新兴技术。自动识别是以数据标准化为基础，建立一个规范的食品分类体系和食品代码体系，实现食品代码体系技术的集成应用。

1.条码技术

条码是由一组宽度不同、反射率不同的条带按一定的编码规则组合起来的，用以表示一组数据和符号，包括一维条码和二维条码。其原理是通过编码技术、印刷技术、光传感技术将条码所携带的数字信息编译出来，并转换成有意义的信息，它是目前最成熟、应用最广泛的信息自动采集技术。

2.无线射频识别技术（RFID）

它是产生于20世纪80年代后期的一种非接触式自动识别技术，其利用无线射频方式进行非接触双向通信，以达到识别目的，并交换数据。20世纪90年代初被美国应用于装备及后勤管理系统中。90年代中后期，RFID从美国扩展到亚太地区，从军事走入民用领域，在民用领域中使用最早最广泛的是商品零售业，除零售业外，RFID系统还被逐步应用到政府公共安全管理、医疗卫生、图书档案及航空运输等领域。目前，在农业生产中，日本、欧盟等国家将RFID技术应用于畜禽产品质量追踪管理，明显地提高了追踪管理的功效。

（三）电子编码技术

电子编码是一个规范的标准化体系，它遵循一定的编码规则。食品溯源是以电子编码技术为基础的，电子编码技术贯穿于整个食品溯源过程。

三、国外食品安全溯源体系

（一）美国食品安全溯源体系

美国在食品安全追溯制度方面做得较好，美国政府在多年实践的基础上，制定了食品安全法律及产业标准。2002年美国颁布了《公众健康安全和生物恐怖活动防范与应对法》，这个法案规定了对可能造成公众健康风险的食品进行行政扣押；注册国内外食品生产的设施；规定进口食品要预先通报；在食品公司之间建立和保留记录。根据有关记录保存的试行条例，食品的制造商、加工者、包装者、分销商、接收人、持有者和进口商都将被要求保存。2004年，美国食品与药物管理局又公布了《联邦安全和农业投资法案》。美国继2009年《消费品安全改进法》后，2009年又通过了几经修改的《食品安全加强法案》。新修改的《食品安全加强法案》授予美国食品与药物管理局强制召回权，可以直接下令召回。2011年，美国食品与药物管理局（FDA）建立食品召回官方信息发布的搜索引擎，提高信息披露的及时性和完整性。消费者能够获取2009年以来官方召回食品的详细信息。2011年4月，美国通过了《食品安全现代化法案》，其中强调的内容包括：第一，政府要加强监管食品生产设备；第二，食品与药物管理局在发现食品或药物质量安全事件时，可以执行强制召回的权力；第三，加强对进口食品的监管；第四，食品行业应该承担更多的食品安全方面的责任，尤其是食品生产企业；第五，在食品安全管理方面，应以预防为主。此次立法给予了美国食品与药物管理局（FDA）足够的资源和权利，使得FDA能在国家战略的高度上，从事食品安全管理。

（二）日本食品安全溯源体系

日本早在2001年，作为应对“疯牛病”的重要手段，在政府的推动下，开始在牛肉生产供应体制中实施食品安全溯源体系。2002年6月，日本将食品安全溯源体系推广到猪肉、鸡肉、水产、蔬菜等行业。日本通过建立产品履历跟踪监视制度，要求生产、流通等各部门采用条码技术、无线射频识别技术等电子标签，详细记载产品的各种数据，消费者通过识别终端能够了解产品的所有情况。例如，从大米的电子标签上可以了解到大米的产地、生产者、使用何种农药和化肥，农药的使用次数、浓度、使用日期及收割和加工日期等具体的生产和流通过程。这些数据和更为详细的资料还要在网上公布，以便消费者查阅详细情况。

（三）欧盟食品安全溯源体系

欧盟食品追溯制度较为完善。2000年欧盟发表了《食品安全白皮书》，明确相关生产经营者的责任，要求对食品供应链进行全程管理。在2000年到2002年期间，欧盟执行了水产品追溯计划。其主要目标是研究水产品的可追溯性，建立水产品追溯体系的标准，即从养殖、捕捞直至消费全程溯源信息的管理标准。2002年，欧盟颁布《通用食品法》，该法提供了所有食品及食品经营者的溯源范围，规定溯源应被建立在生产、加工和分销的所有环节；食品经营者应当能够确定提供给他们的食品，或者是任何打算或预期加入食品中的物质来源。为此，这样的经营者应当拥有地方体系和程序，以此做出的信息需符合主管机关的要求；食品经营者应当拥有地方体系和程序来识别其他经营者的供应渠道；被置于市场或可能被置于社区市场的食品应当全部贴上标签或全部被识别，来方便溯源的进行。2004年，欧盟修订了《食品卫生条例》和《动物源性食品特殊卫生条例》。2005年，欧盟制定了《饲料卫生要求条例》。相关条例的制定，进一步完善了欧盟的食品追溯制度。

四、我国食品安全溯源体系存在的问题

目前，在我国要全面实施食品安全溯源体系还有一定难度，如全面对猪、牛、羊、水果、蔬菜等实施食品安全溯源体系要增加产品的成本，涉及众多的行业管理部门，且需要建立相应的法律法规。我国食品安全溯源体系主要存在以下几方面的问题：

（1）食品企业普遍规模小、信息化程度低

受经济发展水平的制约，许多中小型企业为了生存降低成本，以提高市场竞

争力。这些企业考虑到成本问题，还没有涉及食品可追溯系统建设。而且，我国食品的流通方式相对落后，传统的流通渠道，如集贸市场和批发市场还占有相当比例；现代流通渠道，如仓储超市、连锁超市和便利店等还不够普及，影响了食品的可追溯性。

（2）食品溯源相关法规制度不够完善

目前，我国食品安全相关法律20多部、行政法规40余部、部门行政规章150余个，已初步形成一个由国家、部门、行业和地方制定的食品安全法规体系，但只有《食品安全法》《动物防疫法》《国务院关于加强食品等产品安全监督管理的特别规定》等少数法律法规对食品溯源的部分内容做出了要求，而且这些规定又比较笼统，缺乏可操作性。由于法律法规支撑不够，阻碍了食品溯源体系建设的推进速度。

（3）溯源信息未能实现资源共享和交换

我国食品溯源系统大部分是以单个企业或地区为基础开发的，系统开发目标和原则不同，系统软件不兼容，溯源的信息不能资源共享和彼此交换，难以实现互相溯源。

（4）分段管理难以做到全程有效监管

我国食品安全主要实行分段监管，在这种体制下，任何一个单独的职能部门都不可能实现全程的追溯管理。

五、我国食品安全溯源体系的发展方向

食品安全溯源体系建设是管理和控制食品质量安全的重要手段之一，在我国越来越受到关注与重视。因此，建立食品安全溯源体系，就要以强化行政职能部门监管为基础，实现对食品质量安全的可追溯管理。

（一）完善食品安全溯源规章制度

我国关于食品质量、卫生等方面的各类标准很多，但关于溯源的标准或法规很少，当食品出现问题时，很难进行质量问题的溯源。我国应参照发达国家相关法规，结合我国的具体情况，完善我国食品安全溯源规章制度。地方立法时，应以《食品安全法》为基础，在不相抵触的前提下，进一步明晰食品安全溯源体系的具体内容。

（二）建立全程覆盖的数据库

建立一个从初级产品到最终消费品，覆盖食品生产各个阶段资料的信息库，有利于控制食品质量，及时、有效地处理质量问题，提高食品安全水平。

（三）在大型超市中率先实现溯源

大型超市具有成熟的食品供应链网络，具备先进的物流信息管理系统，在超市采用信息技术对食品安全工作进行监督方面具有独特的优势。

（四）建立和完善多级互联互通的可追溯网络

建立国家、省、市、县、企业（包括生产企业、销售企业）、消费者多级共享、互联互通的可追溯网络，一旦出现食品安全问题，就能通过可追溯网络进行追踪，从而保证了食品的安全。

（五）提倡大企业建设食品溯源体系

在食品溯源技术和标准的支撑下，具有产业优势的大企业开始建设食品溯源体系，并逐步扩大到整个食品供应链，从而使食品溯源体系的规模效应进一步提高。

（六）实行强制性食品溯源

“疯牛病”事件发生以后，许多国家开始实行强制性食品溯源制度。欧盟对成员国所有的食品实行强制性溯源管理，美国也对国内食品企业实施注册管理，要求进口食品必须事先告知。

（七）给予扶持政策

对自愿加入食品安全溯源体系的企业给予扶持政策，引导消费者选用具有食品安全溯源体系的产品。总之，食品安全溯源体系是一项涉及多部门、多学科知识的复杂的系统工程，需要相应的科学体系作为支撑。因此，我们应借鉴国内外各学科的知识，探索建立与完善食品安全溯源体系的有效方法。

六、食品安全溯源的意义

随着经济全球化和人们生活水平的提高，食物来源越来越广泛，导致食品安全事故频频发生。禽流感、口蹄疫、染色馒头、地沟油、三聚氰胺奶粉等事件造成的恶果，严重影响了人们的正常生活。因此，建立食品安全溯源体系具有重要的意义。

（一）适应食品国际贸易的要求

通过建立食品溯源体系，可以使我国食品生产管理尽快与国际接轨，符合国际食品安全追踪与溯源的要求，保证我国食品质量安全水平，突破技术壁垒，提高国际竞争力。

（二）维护消费者的知情权

食品安全溯源体系能够提高生产过程的透明度，建立一条连接生产和消费的渠道，让消费者能够方便地了解食品的生产和流通过程，放心消费。食品溯源体系的建立，将食品供应链中有价值的信息保存下来，以备消费者查询。

（三）提高食品安全监控水平

通过对有关食品安全信息的记录、归类和整理，促进改进工艺，提高食品安全水平。同时，通过食品溯源，可以有效地监督和管理食品生产、流通等环节，确保食品安全。

（四）提高食品安全突发事件的应急处理能力

在食源性疾病暴发时，利用食品溯源系统，可以快速追溯，及时有效地控制病源食品的扩散，实施缺陷食品的召回，减少危害损失。

（五）提高生产企业的诚信意识

食品生产企业构建食品溯源体系，可以赢得消费者的信任。

总之，食品溯源体系是一种旨在加强食品安全信息传递、控制食源性疾病危害、保护消费者利益的食品安全信息管理体系。食品溯源体系的建立，是确保食品安全的关键，对于完善我国食品安全管理体系具有着重大的意义。

第三节　食品安全预警技术

一、食品安全预警的分类

食品安全预警的分类方法多种多样。

（一）按预警状况分类

1.常规预警

常规预警具有经常性的含义，特点是有规律的检测和监测，预警的范围较小。

2.突发性预警

突发性预警即食品安全出现的危机或警情在某一时间突然出现或爆发。突发性预警具有偶然性而不一定存在必然性，其特点是事发突然、时间短、发展快、解决难度大，若处理不及时，后果不堪设想。

（二）按预警分析方法分类

1.指标预警

指标预警指选择合适的食品安全评价指标，利用指标信息的变化对食品安全进行预警。例如，对禁用的工业添加剂的预警。

2.统计预警

统计预警指采用统计分析的方法对食品安全进行预警。例如，按照连续监测的数据，经过统计分析后表达的状况、趋势进行预警。

3.模型预警

模型预警指建立了相应的数学模型，利用数学模型进行定量计算和分析，并对食品安全状况进行评价，对可能产生的变化进行预测预警。

（三）按预警地域范围分类

1.全球预警

全球预警指在全球范围内对食品安全的一个或若干个问题进行预警。例如，当禽流感暴发时，在禽流感暴发的国家及其相邻国家进行的预警。

2.国家预警

国家预警指在一个国家范围之内进行的食品安全预警。例如，我国在SARS疫情暴发期间对疫区的封锁控制、对非疫区的预防警戒。

3.省市区域预警

省市区域预警指在国家内部省级范围内进行预警。例如，各地出台的《食品安全突发事件应对预案》就是针对各地的区域预警。

（四）按预警时间尺度分类

1.短期预警

短期预警指在较短时期内对食品安全进行预警。短期指几天、一周或数周。

2.中期预警

中期预警指一段时间内对食品安全进行预警。一般来说，中期指几个月或一年，通常不超过三年。

3.长期预警

长期预警指较长时间内对食品安全进行预警。长期通常是3～5年或更长。例如，对粮食安全问题的预警通常为5年以上。

二、国外食品安全预警体系

（一）美国食品安全预警体系

美国食品安全管理体系一直以科学、全面和系统的特点而著称。其中，预警体系是美国食品安全管理的基石，在美国食品安全管理上起着重要的作用。美国食品安全预警体系的机构主要为食品安全预警信息管理和发布机构、食品安全预警监测和研究机构，它们担负着食品安全预警的职责。前者主要由食品与药物管理局（FDA）、农业部食品安全检验局（FSIS）、疾病控制预防中心（CDC）、环境保护局（EPA）、美国联邦公民信息中心（FCIC）等组成。FDA负责除肉、家禽、蛋制品之外的食品掺假、不安全因素隐患、标签夸大宣传等食品安全管理工作，发布除FSIS管辖之外的食品召回、预警信息。

FDA负责执行食品安全法律；对食品生产和销售的整个流程进行监控；对不合格产品实行召回并通过执法行动确保实施；制定美国食品法典、条令、指南和说明；建立良好的食品加工操作规程和其他的生产标准；开展国际合作等。

FSIS主管肉、家禽、蛋制品的安全，管理和发布相关的预警信息和召回通报；CDC在食品安全预警体系中负责食源性疾病的预警信息发布和管理；EPA在食品安全方面的主要职责是保护环境、保护公共卫生，免受活性剂和杀虫剂的危害，主要管理和发布有关农药、水的食品安全预警信息。FCIC主要发布联邦机构和生产厂家的召回信息。

食品安全预警监测和研究机构主要有食品安全与应用营养学中心（CFSAN）、农业部FSIS。CFSAN是全国性的食品现场调查机构，对美国市场上80%的食品进行监督管理，监管对象包括5万多家食品企业和3000多家化妆品公司。FSIS负责肉类和家禽食品安全，监督执行联邦食用动物产品安全法规。FSIS建立了一套预警系统，通过分析统计检测数据建立了各种预警模型，同时还建立了突发事件管理系统，可以追踪突发事件的来源。

（二）日本食品安全预警系统

日本作为世界发达国家之一，近年来提出了食品安全管理的原则，建立了食品安全预警系统。2003年，日本制定了《食品安全基本法》，设立了食品安全委员会，对涉及食品安全的事务进行管理。食品安全委员会由七位食品安全方面的资深委员组成，委员会设有一个秘书处，包括秘书长、副秘书长、事务处、风险评估处、政策建议与公共关系处、信息和突发事件应急反应处、风险交流事务主管。设16个专家委员会，主要包括：计划编制专家委员会，职能是实施计划编制；风险交流专家委员会，负责风险交流的监测；突发事件应急专家委员会，负责紧急事件的应急措施。此外，还有13位专家对各种危害实施风险评估，包括食品添加剂、农药、微生物等，这13位被分为三个评估小组分别负责化学物质、生物材料以及新兴食品。农林水产省设立了食品安全危机管理小组，建立内部联络体制，负责应对突发性重大食品安全问题，研究和制定应对方针。

（三）欧盟食品安全预警系统

欧盟作为世界上经济最发达、科技最先进、法制最完备、公民生活质量最高的地区之一，20世纪80年代后食品安全问题不断出现。从1986年英国发生“疯牛病”，到2001年新一轮“疯牛病”相继在法国、德国等国发生。2001年9月，英国和爱尔兰等国持续了11个月的口蹄疫等事件，使欧盟国家消费者陷入恐慌之中。欧盟委员会在反思、检讨和总结经验教训的基础上，开始构建统一完善的食品安全体系。欧盟于2002年开始组建食品安全管理局，2005年在意大利正式挂牌。欧盟《通用食品法》于2002年2月生效启用，明确了预警原则。

欧盟食品预警系统由欧盟统一制定并实行，是欧盟组织总的风险预警管理系统，各成员国可制定各自的具体系统，但如某成员国在没有一个明确的商品名录、没有相应独立的快速报警制度或通报系统的情况下，也鼓励其使用欧盟食品预警系统。欧盟食品预警系统是主要针对成员国内部由于食品不符合安全要求或标识不准确等原因引起的风险和可能带来的问题而及时通报各成员国，使消费者避开风险的一种安全保障系统。

三、我国食品安全预警体系存在的问题

（一）责任主体不够明确

我国食品质量安全管理权限分属不同部门，随之相伴的预警管理也由分属的不同部门实行多头管理，在一定程度上存在管理职能错位、缺位、越位和交叉分散现象，难以形成协调配合、运转高效的管理体制。

（二）监测检验技术比较落后

目前，我国食品安全预警管理监测检验技术水平有限，从监测机构、监测人员、监测设备到监测方法，与发达国家差距很大。一些地方的食品安全检测检验机构仪器陈旧，设备简陋，功能不全，有的缺乏必备的检测设施，不利于查处违法行为和应付突发性食品安全事件。

（三）技术标准落后

我国食品安全管理标准落后，一些标准时间跨度较长，缺乏可操作性，在技术内容方面与CAC的有关协定存在较大差距。而我国的国家标准只采用或等效采用了国际标准，与发达国家及国际相关组织的标准相衔接的程度不够，从而导致标准的可信度在国际上不高。

（四）配套的法律法规保障体系还不够完善

我国现行有效的相关法律法规有几十部，但条款相对分散，这些法律法规尚

不能完全涵盖“从农田到餐桌”的各个环节，不能满足食品安全预警体系建设的实际要求，因此，制定一部完整统一的食品质量安全预警管理法迫在眉睫。

（五）信息交流体系不完善，缺乏统一的预警技术信息平台

由于目前我国食品安全相关的多个管理部门之间缺乏有效的信息和资源共享、沟通和协调机制，食品质量安全预警的信息资源严重短缺，使食品安全预警体系出现了风险信息搜集渠道单一、预警及快速反应措施单一、控制效果单一的现象，难以满足食品安全预警的时效性要求。

（六）食品安全的基础研究水平低

目前，我国在食品安全问题上主要集中在研究允许添加使用物质的检测方法上，对于非法添加物质的预防检测手段的研究较少。

（七）数据收集不够准确

经常由于没有收集到关键性的数据或收集的数据存在偏差，不符合预警的总体要求，导致预警体系运行后无法达到预期效果。

（八）投入不足

投入不足制约食品安全预警水平的提高，使得我国食品安全管理的宏观预警和风险评估的微观预警体系建设滞后。

四、我国食品安全预警体系的发展方向

（一）构建合理的食品质量安全预警管理机制

建立系统完整的食品质量安全预警机制是现阶段我国构建政府食品安全管理机制的前提和基础，也是预防食品安全事件的发生、维护社会稳定、构建和谐社会的重要机制之一。食品安全预警机制的建设，应遵循全面、及时、创新和高效的原则，形成完善的预警机制。

（二）加大国家财政投入力度

目前，我国对食品质量安全预警管理的人力、物力、财力的投入与发达国家相比，还有很大差距。因此，加大国家对食品质量预警管理的投入很有必要。

（三）提高消费者食品质量安全意识，加强全民食品质量安全教育

随着我国市场经济秩序的不断完善，急需加强对食品质量安全知识的宣传，分析食品质量安全形势，提高消费者的自我保护意识，开展多种形式的法制宣传，组织专项宣传活动，提高消费者依法维护自身合法权益的能力。

（四）加强食品安全预警科研技术力量

组织科研力量全面分析研究食品安全风险预警及快速反应体系保障措施，为建立质检系统各部门之间的长效工作机制提供保障。同时，加强食品质量安全预警管理的职业队伍建设，培养食品安全的专门人才，向食品安全职能管理部门提供食品质量安全预警管理业务知识的培训。

（五）完善以预警机制为基础的食品安全法律法规体系

完善法律法规与标准体系，为食品质量安全预警提供支撑。我国有关食品安全预警的立法与执法，正处于初步建立阶段，因此急需在此基础上加大对法律体系的建设。

（六）加强食品预警信息交流和发布机制建设

管理部门应建立和完善覆盖面宽、时效性强的食品安全预警信息收集、管理、发布制度和监测抽检预警网络系统，向消费者和有关部门快速通报食品安全预警信息。

五、我国食品安全预警的作用

（一）在进出口贸易方面，对提高我国进出口食品安全水平有着积极的作用

我国食品的检验监管模式是：进口食品的卫生项目必须检验合格后方可进入市场销售，出口食品的卫生项目必须检验合格后才可以放行通关。开展食品安全预警研究，在风险信息收集、危害因素识别和确定等方面建立一套科学的规则和评定程序，提高食品的检测效率，这在进出口贸易方面，对提高我国食品安全水平有着积极的作用。

（二）有利于防止食品安全问题的出现、扩散和传播，避免重大食物中毒和食源性疾病的发生

近年来，新的食品危害因素不断出现，继暴发“疯牛病”“禽流感”之后，“红心鸭蛋事件”“塑化剂事件”“染色馒头事件”“地沟油事件”等频频见诸报端，新资源食品、转基因食品的开发也给人类食品安全带来新的隐患。因此，开展食品安全预警工作，有利于防止食品安全问题的出现、扩散和传播。

（三）有利于保障消费者的身心健康，提高人民群众的身体素质和健康水平

加强食品安全预警，可以对不断出现的各种食品危害做出快速反应，采取相应有效的措施，保护我国人民生命健康安全。此外，食品安全预警对完善我国食品安全监管机制，提高我国食品安全监管水平，具有重要的意义。

附 录

中华人民共和国食品安全法

（2009年2月28日第十一届全国人民代表大会常务委员会第七次会议通过，2015年4月24日第十二届全国人民代表大会常务委员会第十四次会议修订）

第一章 总 则

第一条 为了保证食品安全，保障公众身体健康和生命安全，制定本法。

第二条 在中华人民共和国境内从事下列活动，应当遵守本法：

（一）食品生产和加工（以下称食品生产），食品销售和餐饮服务（以下称食品经营）；

（二）食品添加剂的生产经营；

（三）用于食品的包装材料、容器、洗涤剂、消毒剂和用于食品生产经营的工具、设备（以下称食品相关产品）的生产经营；

（四）食品生产经营者使用食品添加剂、食品相关产品；

（五）食品的贮存和运输；

（六）对食品、食品添加剂、食品相关产品的安全管理。

供食用的源于农业的初级产品（以下称食用农产品）的质量安全管理，遵守《中华人民共和国农产品质量安全法》的规定。但是，食用农产品的市场销售、有关质量安全标准的制定、有关安全信息的公布和本法对农业投入品作出规定的，应当遵守本法的规定。

第三条 食品安全工作实行预防为主、风险管理、全程控制、社会共治，建立科学、严格的监督管理制度。

第四条 食品生产经营者对其生产经营食品的安全负责。

食品生产经营者应当依照法律、法规和食品安全标准从事生产经营活动，保证食品安全，诚信自律，对社会和公众负责，接受社会监督，承担社会责任。

第五条 国务院设立食品安全委员会，其职责由国务院规定。

国务院食品药品监督管理部门依照本法和国务院规定的职责，对食品生产经营活动实施监督管理。

国务院卫生行政部门依照本法和国务院规定的职责，组织开展食品安全风险监测和风险评估，会同国务院食品药品监督管理部门制定并公布食品安全国家标准。

国务院其他有关部门依照本法和国务院规定的职责，承担有关食品安全工作。

第六条　县级以上地方人民政府对本行政区域的食品安全监督管理工作负责，统一领导、组织、协调本行政区域的食品安全监督管理工作以及食品安全突发事件应对工作，建立健全食品安全全程监督管理工作机制和信息共享机制。

县级以上地方人民政府依照本法和国务院的规定，确定本级食品药品监督管理、卫生行政部门和其他有关部门的职责。有关部门在各自职责范围内负责本行政区域的食品安全监督管理工作。

县级人民政府食品药品监督管理部门可以在乡镇或者特定区域设立派出机构。

第七条　县级以上地方人民政府实行食品安全监督管理责任制。上级人民政府负责对下一级人民政府的食品安全监督管理工作进行评议、考核。县级以上地方人民政府负责对本级食品药品监督管理部门和其他有关部门的食品安全监督管理工作进行评议、考核。

第八条　县级以上人民政府应当将食品安全工作纳入本级国民经济和社会发展规划，将食品安全工作经费列入本级政府财政预算，加强食品安全监督管理能力建设，为食品安全工作提供保障。

县级以上人民政府食品药品监督管理部门和其他有关部门应当加强沟通、密切配合，按照各自职责分工，依法行使职权，承担责任。

第九条　食品行业协会应当加强行业自律，按照章程建立健全行业规范和奖惩机制，提供食品安全信息、技术等服务，引导和督促食品生产经营者依法生产经营，推动行业诚信建设，宣传、普及食品安全知识。

消费者协会和其他消费者组织对违反本法规定，损害消费者合法权益的行为，依法进行社会监督。

第十条　各级人民政府应当加强食品安全的宣传教育，普及食品安全知识，鼓励社会组织、基层群众性自治组织、食品生产经营者开展食品安全法律、法规以及食品安全标准和知识的普及工作，倡导健康的饮食方式，增强消费者食品安全意识和自我保护能力。

新闻媒体应当开展食品安全法律、法规以及食品安全标准和知识的公益宣传，并对食品安全违法行为进行舆论监督。有关食品安全的宣传报道应当真实、公正。

第十一条　国家鼓励和支持开展与食品安全有关的基础研究、应用研究，鼓励和支持食品生产经营者为提高食品安全水平采用先进技术和先进管理规范。

国家对农药的使用实行严格的管理制度，加快淘汰剧毒、高毒、高残留农药，推动替代产品的研发和应用，鼓励使用高效低毒低残留农药。

第十二条　任何组织或者个人有权举报食品安全违法行为，依法向有关部门了解食品安全信息，对食品安全监督管理工作提出意见和建议。

第十三条　对在食品安全工作中做出突出贡献的单位和个人，按照国家有关规定给予表彰、奖励。

第二章　食品安全风险监测和评估

第十四条　国家建立食品安全风险监测制度，对食源性疾病、食品污染以及食品中的有害因素进行监测。

国务院卫生行政部门会同国务院食品药品监督管理、质量监督等部门，制定、实施国家食品安全风险监测计划。

国务院食品药品监督管理部门和其他有关部门获知有关食品安全风险信息后，应当立即核实并向国务院卫生行政部门通报。对有关部门通报的食品安全风险信息以及医疗机构报告的食源性疾病等有关疾病信息，国务院卫生行政部门应当会同国务院有关部门分析研究，认为必要的，及时调整国家食品安全风险监测计划。

省、自治区、直辖市人民政府卫生行政部门会同同级食品药品监督管理、质量监督等部门，根据国家食品安全风险监测计划，结合本行政区域的具体情况，制定、调整本行政区域的食品安全风险监测方案，报国务院卫生行政部门备案并实施。

第十五条　承担食品安全风险监测工作的技术机构应当根据食品安全风险监测计划和监测方案开展监测工作，保证监测数据真实、准确，并按照食品安全风险监测计划和监测方案的要求报送监测数据和分析结果。

食品安全风险监测工作人员有权进入相关食用农产品种植养殖、食品生产经营场所采集样品、收集相关数据。采集样品应当按照市场价格支付费用。

第十六条　食品安全风险监测结果表明可能存在食品安全隐患的，县级以上人民政府卫生行政部门应当及时将相关信息通报同级食品药品监督管理等部门，并报告本级人民政府和上级人民政府卫生行政部门。食品药品监督管理等部门应当组织开展进一步调查。

第十七条　国家建立食品安全风险评估制度，运用科学方法，根据食品安全风险监测信息、科学数据以及有关信息，对食品、食品添加剂、食品相关产品中生物性、化学性和物理性危害因素进行风险评估。

国务院卫生行政部门负责组织食品安全风险评估工作，成立由医学、农业、食品、营养、生物、环境等方面的专家组成的食品安全风险评估专家委员会进行食品安全风险评估。食品安全风险评估结果由国务院卫生行政部门公布。

对农药、肥料、兽药、饲料和饲料添加剂等的安全性评估，应当有食品安全风险评估专家委员会的专家参加。

食品安全风险评估不得向生产经营者收取费用，采集样品应当按照市场价格支付费用。

第十八条　有下列情形之一的，应当进行食品安全风险评估：

（一）通过食品安全风险监测或者接到举报发现食品、食品添加剂、食品相关产品可能存在安全隐患的；

（二）为制定或者修订食品安全国家标准提供科学依据需要进行风险评估的；

（三）为确定监督管理的重点领域、重点品种需要进行风险评估的；

（四）发现新的可能危害食品安全因素的；

（五）需要判断某一因素是否构成食品安全隐患的；

（六）国务院卫生行政部门认为需要进行风险评估的其他情形。

第十九条　国务院食品药品监督管理、质量监督、农业行政等部门在监督管理工作中发现需要进行食品安全风险评估的，应当向国务院卫生行政部门提出食品安全风险评估的建议，并提供风险来源、相关检验数据和结论等信息、资料。属于本法第十八条规定情形的，国务院卫生行政部门应当及时进行食品安全风险评估，并向国务院有关部门通报评估结果。

第二十条　省级以上人民政府卫生行政、农业行政部门应当及时相互通报食品、食用农产品安全风险监测信息。

国务院卫生行政、农业行政部门应当及时相互通报食品、食用农产品安全风险评估结果等信息。

第二十一条　食品安全风险评估结果是制定、修订食品安全标准和实施食品安全监督管理的科学依据。

经食品安全风险评估，得出食品、食品添加剂、食品相关产品不安全结论的，国务院食品药品监督管理、质量监督等部门应当依据各自职责立即向社会公告，告知消费者停止食用或者使用，并采取相应措施，确保该食品、食品添加剂、食品相关产品停止生产经营；需要制定、修订相关食品安全国家标准的，国务院卫生行政部门应当会同国务院食品药品监督管理部门立即制定、修订。

第二十二条　国务院食品药品监督管理部门应当会同国务院有关部门，根据食品安全风险评估结果、食品安全监督管理信息，对食品安全状况进行综合分析。对经综合分析表明可能具有较高程度安全风险的食品，国务院食品药品监督管理部门应当及时提出食品安全风险警示，并向社会公布。

第二十三条 县级以上人民政府食品药品监督管理部门和其他有关部门、食品安全风险评估专家委员会及其技术机构，应当按照科学、客观、及时、公开的原则，组织食品生产经营者、食品检验机构、认证机构、食品行业协会、消费者协会以及新闻媒体等，就食品安全风险评估信息和食品安全监督管理信息进行交流沟通。

第三章 食品安全标准

第二十四条 制定食品安全标准，应当以保障公众身体健康为宗旨，做到科学合理、安全可靠。

第二十五条 食品安全标准是强制执行的标准。除食品安全标准外，不得制定其他食品强制性标准。

第二十六条 食品安全标准应当包括下列内容：

（一）食品、食品添加剂、食品相关产品中的致病性微生物，农药残留、兽药残留、生物毒素、重金属等污染物质以及其他危害人体健康物质的限量规定；

（二）食品添加剂的品种、使用范围、用量；

（三）专供婴幼儿和其他特定人群的主辅食品的营养成分要求；

（四）对与卫生、营养等食品安全要求有关的标签、标志、说明书的要求；

（五）食品生产经营过程的卫生要求；

（六）与食品安全有关的质量要求；

（七）与食品安全有关的食品检验方法与规程；

（八）其他需要制定为食品安全标准的内容。

第二十七条 食品安全国家标准由国务院卫生行政部门会同国务院食品药品监督管理部门制定、公布，国务院标准化行政部门提供国家标准编号。

食品中农药残留、兽药残留的限量规定及其检验方法与规程由国务院卫生行政部门、国务院农业行政部门会同国务院食品药品监督管理部门制定。

屠宰畜、禽的检验规程由国务院农业行政部门会同国务院卫生行政部门制定。

第二十八条 制定食品安全国家标准，应当依据食品安全风险评估结果并充分考虑食用农产品安全风险评估结果，参照相关的国际标准和国际食品安全风险评估结果，并将食品安全国家标准草案向社会公布，广泛听取食品生产经营者、消费者、有关部门等方面的意见。

食品安全国家标准应当经国务院卫生行政部门组织的食品安全国家标准审评委员会审查通过。食品安全国家标准审评委员会由医学、农业、食品、营养、生物、环境等方面的专家以及国务院有关部门、食品行业协会、消费者协会的代表组成，对食品安全国家标准草案的科学性和实用性等进行审查。

第二十九条　对地方特色食品，没有食品安全国家标准的，省、自治区、直辖市人民政府卫生行政部门可以制定并公布食品安全地方标准，报国务院卫生行政部门备案。食品安全国家标准制定后，该地方标准即行废止。

第三十条　国家鼓励食品生产企业制定严于食品安全国家标准或者地方标准的企业标准，在本企业适用，并报省、自治区、直辖市人民政府卫生行政部门备案。

第三十一条　省级以上人民政府卫生行政部门应当在其网站上公布制定和备案的食品安全国家标准、地方标准和企业标准，供公众免费查阅、下载。

对食品安全标准执行过程中的问题，县级以上人民政府卫生行政部门应当会同有关部门及时给予指导、解答。

第三十二条　省级以上人民政府卫生行政部门应当会同同级食品药品监督管理、质量监督、农业行政等部门，分别对食品安全国家标准和地方标准的执行情况进行跟踪评价，并根据评价结果及时修订食品安全标准。

省级以上人民政府食品药品监督管理、质量监督、农业行政等部门应当对食品安全标准执行中存在的问题进行收集、汇总，并及时向同级卫生行政部门通报。

食品生产经营者、食品行业协会发现食品安全标准在执行中存在问题的，应当立即向卫生行政部门报告。

第四章　食品生产经营

第一节　一般规定

第三十三条　食品生产经营应当符合食品安全标准，并符合下列要求：

（一）具有与生产经营的食品品种、数量相适应的食品原料处理和食品加工、包装、贮存等场所，保持该场所环境整洁，并与有毒、有害场所以及其他污染源保持规定的距离；

（二）具有与生产经营的食品品种、数量相适应的生产经营设备或者设施，有相应的消毒、更衣、盥洗、采光、照明、通风、防腐、防尘、防蝇、防鼠、防虫、洗涤以及处理废水、存放垃圾和废弃物的设备或者设施；

（三）有专职或者兼职的食品安全专业技术人员、食品安全管理人员和保证食品安全的规章制度；

（四）具有合理的设备布局和工艺流程，防止待加工食品与直接入口食品、原料与成品交叉污染，避免食品接触有毒物、不洁物；

（五）餐具、饮具和盛放直接入口食品的容器，使用前应当洗净、消毒，炊具、用具用后应当洗净，保持清洁；

（六）贮存、运输和装卸食品的容器、工具和设备应当安全、无害，保持清洁，防止食品污染，并符合保证食品安全所需的温度、湿度等特殊要求，不得将食品与有毒、有害物品一同贮存、运输；

（七）直接入口的食品应当使用无毒、清洁的包装材料、餐具、饮具和容器；

（八）食品生产经营人员应当保持个人卫生，生产经营食品时，应当将手洗净，穿戴清洁的工作衣、帽等；销售无包装的直接入口食品时，应当使用无毒、清洁的容器、售货工具和设备；

（九）用水应当符合国家规定的生活饮用水卫生标准；

（十）使用的洗涤剂、消毒剂应当对人体安全、无害；

（十一）法律、法规规定的其他要求。

非食品生产经营者从事食品贮存、运输和装卸的，应当符合前款第六项的规定。

第三十四条 禁止生产经营下列食品、食品添加剂、食品相关产品：

（一）用非食品原料生产的食品或者添加食品添加剂以外的化学物质和其他可能危害人体健康物质的食品，或者用回收食品作为原料生产的食品；

（二）致病性微生物，农药残留、兽药残留、生物毒素、重金属等污染物质以及其他危害人体健康的物质含量超过食品安全标准限量的食品、食品添加剂、食品相关产品；

（三）用超过保质期的食品原料、食品添加剂生产的食品、食品添加剂；

（四）超范围、超限量使用食品添加剂的食品；

（五）营养成分不符合食品安全标准的专供婴幼儿和其他特定人群的主辅食品；

（六）腐败变质、油脂酸败、霉变生虫、污秽不洁、混有异物、掺假掺杂或者感官性状异常的食品、食品添加剂；

（七）病死、毒死或者死因不明的禽、畜、兽、水产动物肉类及其制品；

（八）未按规定进行检疫或者检疫不合格的肉类，或者未经检验或者检验不合格的肉类制品；

（九）被包装材料、容器、运输工具等污染的食品、食品添加剂；

（十）标注虚假生产日期、保质期或者超过保质期的食品、食品添加剂；

（十一）无标签的预包装食品、食品添加剂；

（十二）国家为防病等特殊需要明令禁止生产经营的食品；

（十三）其他不符合法律、法规或者食品安全标准的食品、食品添加剂、食品相关产品。

第三十五条 国家对食品生产经营实行许可制度。从事食品生产、食品销售、餐饮服务，应当依法取得许可。但是，销售食用农产品，不需要取得许可。

县级以上地方人民政府食品药品监督管理部门应当依照《中华人民共和国行

政许可法》的规定，审核申请人提交的本法第三十三条第一款第一项至第四项规定要求的相关资料，必要时对申请人的生产经营场所进行现场核查；对符合规定条件的，准予许可；对不符合规定条件的，不予许可并书面说明理由。

第三十六条　食品生产加工小作坊和食品摊贩等从事食品生产经营活动，应当符合本法规定的与其生产经营规模、条件相适应的食品安全要求，保证所生产经营的食品卫生、无毒、无害，食品药品监督管理部门应当对其加强监督管理。

县级以上地方人民政府应当对食品生产加工小作坊、食品摊贩等进行综合治理，加强服务和统一规划，改善其生产经营环境，鼓励和支持其改进生产经营条件，进入集中交易市场、店铺等固定场所经营，或者在指定的临时经营区域、时段经营。

食品生产加工小作坊和食品摊贩等的具体管理办法由省、自治区、直辖市制定。

第三十七条　利用新的食品原料生产食品，或者生产食品添加剂新品种、食品相关产品新品种，应当向国务院卫生行政部门提交相关产品的安全性评估材料。国务院卫生行政部门应当自收到申请之日起六十日内组织审查；对符合食品安全要求的，准予许可并公布；对不符合食品安全要求的，不予许可并书面说明理由。

第三十八条　生产经营的食品中不得添加药品，但是可以添加按照传统既是食品又是中药材的物质。按照传统既是食品又是中药材的物质目录由国务院卫生行政部门会同国务院食品药品监督管理部门制定、公布。

第三十九条　国家对食品添加剂生产实行许可制度。从事食品添加剂生产，应当具有与所生产食品添加剂品种相适应的场所、生产设备或者设施、专业技术人员和管理制度，并依照本法第三十五条第二款规定的程序，取得食品添加剂生产许可。

生产食品添加剂应当符合法律、法规和食品安全国家标准。

第四十条　食品添加剂应当在技术上确有必要且经过风险评估证明安全可靠，方可列入允许使用的范围；有关食品安全国家标准应当根据技术必要性和食品安全风险评估结果及时修订。

食品生产经营者应当按照食品安全国家标准使用食品添加剂。

第四十一条　生产食品相关产品应当符合法律、法规和食品安全国家标准。对直接接触食品的包装材料等具有较高风险的食品相关产品，按照国家有关工业产品生产许可证管理的规定实施生产许可。质量监督部门应当加强对食品相关产品生产活动的监督管理。

第四十二条　国家建立食品安全全程追溯制度。

食品生产经营者应当依照本法的规定，建立食品安全追溯体系，保证食品可追溯。国家鼓励食品生产经营者采用信息化手段采集、留存生产经营信息，建立食品安全追溯体系。

国务院食品药品监督管理部门会同国务院农业行政等有关部门建立食品安全全程追溯协作机制。

第四十三条　地方各级人民政府应当采取措施鼓励食品规模化生产和连锁经营、配送。

国家鼓励食品生产经营企业参加食品安全责任保险。

第二节　生产经营过程控制

第四十四条　食品生产经营企业应当建立健全食品安全管理制度，对职工进行食品安全知识培训，加强食品检验工作，依法从事生产经营活动。

食品生产经营企业的主要负责人应当落实企业食品安全管理制度，对本企业的食品安全工作全面负责。

食品生产经营企业应当配备食品安全管理人员，加强对其培训和考核。经考核不具备食品安全管理能力的，不得上岗。食品药品监督管理部门应当对企业食品安全管理人员随机进行监督抽查考核并公布考核情况。监督抽查考核不得收取费用。

第四十五条　食品生产经营者应当建立并执行从业人员健康管理制度。患有国务院卫生行政部门规定的有碍食品安全疾病的人员，不得从事接触直接入口食品的工作。

从事接触直接入口食品工作的食品生产经营人员应当每年进行健康检查，取得健康证明后方可上岗工作。

第四十六条　食品生产企业应当就下列事项制定并实施控制要求，保证所生产的食品符合食品安全标准：

（一）原料采购、原料验收、投料等原料控制；

（二）生产工序、设备、贮存、包装等生产关键环节控制；

（三）原料检验、半成品检验、成品出厂检验等检验控制；

（四）运输和交付控制。

第四十七条　食品生产经营者应当建立食品安全自查制度，定期对食品安全状况进行检查评价。生产经营条件发生变化，不再符合食品安全要求的，食品生产经营者应当立即采取整改措施；有发生食品安全事故潜在风险的，应当立即停止食品生产经营活动，并向所在地县级人民政府食品药品监督管理部门报告。

第四十八条　国家鼓励食品生产经营企业符合良好生产规范要求，实施危害分析与关键控制点体系，提高食品安全管理水平。

对通过良好生产规范、危害分析与关键控制点体系认证的食品生产经营企业，认证机构应当依法实施跟踪调查；对不再符合认证要求的企业，应当依法撤销认证，及时向县级以上人民政府食品药品监督管理部门通报，并向社会公布。认证机构实施跟踪调查不得收取费用。

第四十九条　食用农产品生产者应当按照食品安全标准和国家有关规定使用农药、肥料、兽药、饲料和饲料添加剂等农业投入品，严格执行农业投入品使用安全间隔期或者休药期的规定，不得使用国家明令禁止的农业投入品。禁止将剧毒、高毒农药用于蔬菜、瓜果、茶叶和中草药材等国家规定的农作物。

食用农产品的生产企业和农民专业合作经济组织应当建立农业投入品使用记录制度。

县级以上人民政府农业行政部门应当加强对农业投入品使用的监督管理和指导，建立健全农业投入安全使用制度。

第五十条　食品生产者采购食品原料、食品添加剂、食品相关产品，应当查验供货者的许可证和产品合格证明；对无法提供合格证明的食品原料，应当按照食品安全标准进行检验；不得采购或者使用不符合食品安全标准的食品原料、食品添加剂、食品相关产品。

食品生产企业应当建立食品原料、食品添加剂、食品相关产品进货查验记录制度，如实记录食品原料、食品添加剂、食品相关产品的名称、规格、数量、生产日期或者生产批号、保质期、进货日期以及供货者名称、地址、联系方式等内容，并保存相关凭证。记录和凭证保存期限不得少于产品保质期满后六个月；没有明确保质期的，保存期限不得少于两年。

第五十一条　食品生产企业应当建立食品出厂检验记录制度，查验出厂食品的检验合格证和安全状况，如实记录食品的名称、规格、数量、生产日期或者生产批号、保质期、检验合格证号、销售日期以及购货者名称、地址、联系方式等内容，并保存相关凭证。记录和凭证保存期限应当符合本法第五十条第二款的规定。

第五十二条　食品、食品添加剂、食品相关产品的生产者，应当按照食品安全标准对所生产的食品、食品添加剂、食品相关产品进行检验，检验合格后方可出厂或者销售。

第五十三条　食品经营者采购食品，应当查验供货者的许可证和食品出厂检验合格证或者其他合格证明（以下称合格证明文件）。

食品经营企业应当建立食品进货查验记录制度，如实记录食品的名称、规格、数量、生产日期或者生产批号、保质期、进货日期以及供货者名称、地址、联系方式等内容，并保存相关凭证。记录和凭证保存期限应当符合本法第五十条第二款的规定。

实行统一配送经营方式的食品经营企业，可以由企业总部统一查验供货者的许可证和食品合格证明文件，进行食品进货查验记录。

从事食品批发业务的经营企业应当建立食品销售记录制度，如实记录批发食品的名称、规格、数量、生产日期或者生产批号、保质期、销售日期以及购货者名称、地址、联系方式等内容，并保存相关凭证。记录和凭证保存期限应当符合本法第五十条第二款的规定。

第五十四条　食品经营者应当按照保证食品安全的要求贮存食品，定期检查库存食品，及时清理变质或者超过保质期的食品。

食品经营者贮存散装食品，应当在贮存位置标明食品的名称、生产日期或者生产批号、保质期、生产者名称及联系方式等内容。

第五十五条　餐饮服务提供者应当制定并实施原料控制要求，不得采购不符合食品安全标准的食品原料。倡导餐饮服务提供者公开加工过程，公示食品原料及其来源等信息。

餐饮服务提供者在加工过程中应当检查待加工的食品及原料，发现有本法第三十四条第六项规定情形的，不得加工或者使用。

第五十六条　餐饮服务提供者应当定期维护食品加工、贮存、陈列等设施、设备；定期清洗、校验保温设施及冷藏、冷冻设施。

餐饮服务提供者应当按照要求对餐具、饮具进行清洗消毒，不得使用未经清洗消毒的餐具、饮具；餐饮服务提供者委托清洗消毒餐具、饮具的，应当委托符合本法规定条件的餐具、饮具集中消毒服务单位。

第五十七条　学校、托幼机构、养老机构、建筑工地等集中用餐单位的食堂应当严格遵守法律、法规和食品安全标准；从供餐单位订餐的，应当从取得食品生产经营许可的企业订购，并按照要求对订购的食品进行查验。供餐单位应当严格遵守法律、法规和食品安全标准，当餐加工，确保食品安全。

学校、托幼机构、养老机构、建筑工地等集中用餐单位的主管部门应当加强对集中用餐单位的食品安全教育和日常管理，降低食品安全风险，及时消除食品安全隐患。

第五十八条　餐具、饮具集中消毒服务单位应当具备相应的作业场所、清洗消毒设备或者设施，用水和使用的洗涤剂、消毒剂应当符合相关食品安全国家标准和其他国家标准、卫生规范。

餐具、饮具集中消毒服务单位应当对消毒餐具、饮具进行逐批检验，检验合格后方可出厂，并应当随附消毒合格证明。消毒后的餐具、饮具应当在独立包装上标注单位名称、地址、联系方式、消毒日期以及使用期限等内容。

第五十九条　食品添加剂生产者应当建立食品添加剂出厂检验记录制度，查验出厂产品的检验合格证和安全状况，如实记录食品添加剂的名称、规格、数量、生产日期或者生产批号、保质期、检验合格证号、销售日期以及购货者名称、地址、联系方式等相关内容，并保存相关凭证。记录和凭证保存期限应当符合本法第五十条第二款的规定。

第六十条　食品添加剂经营者采购食品添加剂，应当依法查验供货者的许可证和产品合格证明文件，如实记录食品添加剂的名称、规格、数量、生产日期或者生产批号、保质期、进货日期以及供货者名称、地址、联系方式等内容，并保存相关凭证。记录和凭证保存期限应当符合本法第五十条第二款的规定。

第六十一条　集中交易市场的开办者、柜台出租者和展销会举办者，应当依法审查入场食品经营者的许可证，明确其食品安全管理责任，定期对其经营环境和条件进行检查，发现其有违反本法规定行为的，应当及时制止并立即报告所在地县级人民政府食品药品监督管理部门。

第六十二条　网络食品交易第三方平台提供者应当对入网食品经营者进行实名登记，明确其食品安全管理责任；依法应当取得许可证的，还应当审查其许可证。

网络食品交易第三方平台提供者发现入网食品经营者有违反本法规定行为的，应当及时制止并立即报告所在地县级人民政府食品药品监督管理部门；发现严重违法行为的，应当立即停止提供网络交易平台服务。

第六十三条　国家建立食品召回制度。食品生产者发现其生产的食品不符合食品安全标准或者有证据证明可能危害人体健康的，应当立即停止生产，召回已经上市销售的食品，通知相关生产经营者和消费者，并记录召回和通知情况。

食品经营者发现其经营的食品有前款规定情形的，应当立即停止经营，通知相关生产经营者和消费者，并记录停止经营和通知情况。食品生产者认为应当召回的，应当立即召回。由于食品经营者的原因造成其经营的食品有前款规定情形的，食品经营者应当召回。

食品生产经营者应当对召回的食品采取无害化处理、销毁等措施，防止其再次流入市场。但是，对因标签、标志或者说明书不符合食品安全标准而被召回的食品，食品生产者在采取补救措施且能保证食品安全的情况下可以继续销售；销售时应当向消费者明示补救措施。

食品生产经营者应当将食品召回和处理情况向所在地县级人民政府食品药品监督管理部门报告；需要对召回的食品进行无害化处理、销毁的，应当提前报告时间、地点。食品药品监督管理部门认为必要的，可以实施现场监督。

食品生产经营者未依照本条规定召回或者停止经营的，县级以上人民政府食品药品监督管理部门可以责令其召回或者停止经营。

第六十四条　食用农产品批发市场应当配备检验设备和检验人员或者委托符合本法规定的食品检验机构，对进入该批发市场销售的食用农产品进行抽样检验；发现不符合食品安全标准的，应当要求销售者立即停止销售，并向食品药品监督管理部门报告。

第六十五条　食用农产品销售者应当建立食用农产品进货查验记录制度，如实记录食用农产品的名称、数量、进货日期以及供货者名称、地址、联系方式等内容，并保存相关凭证。记录和凭证保存期限不得少于六个月。

第六十六条　进入市场销售的食用农产品在包装、保鲜、贮存、运输中使用保鲜剂、防腐剂等食品添加剂和包装材料等食品相关产品，应当符合食品安全国家标准。

第三节　标签、说明书和广告

第六十七条　预包装食品的包装上应当有标签。标签应当标明下列事项：

（一）名称、规格、净含量、生产日期；

（二）成分或者配料表；

（三）生产者的名称、地址、联系方式；

（四）保质期；

（五）产品标准代号；

（六）贮存条件；

（七）所使用的食品添加剂在国家标准中的通用名称；

（八）生产许可证编号；

（九）法律、法规或者食品安全标准规定应当标明的其他事项。

专供婴幼儿和其他特定人群的主辅食品，其标签还应当标明主要营养成分及其含量。

食品安全国家标准对标签标注事项另有规定的，从其规定。

第六十八条　食品经营者销售散装食品，应当在散装食品的容器、外包装上标明食品的名称、生产日期或者生产批号、保质期以及生产经营者名称、地址、联系方式等内容。

第六十九条　生产经营转基因食品应当按照规定显著标示。

第七十条　食品添加剂应当有标签、说明书和包装。标签、说明书应当载明本法第六十七条第一款第一项至第六项、第八项、第九项规定的事项，以及食品添加剂的使用范围、用量、使用方法，并在标签上载明“食品添加剂”字样。

第七十一条　食品和食品添加剂的标签、说明书，不得含有虚假内容，不得涉及疾病预防、治疗功能。生产经营者对其提供的标签、说明书的内容负责。

食品和食品添加剂的标签、说明书应当清楚、明显，生产日期、保质期等事项应当显著标注，容易辨识。

食品和食品添加剂与其标签、说明书的内容不符的，不得上市销售。

第七十二条　食品经营者应当按照食品标签标示的警示标志、警示说明或者注意事项的要求销售食品。

第七十三条　食品广告的内容应当真实合法，不得含有虚假内容，不得涉及疾病预防、治疗功能。食品生产经营者对食品广告内容的真实性、合法性负责。

县级以上人民政府食品药品监督管理部门和其他有关部门以及食品检验机构、食品行业协会不得以广告或者其他形式向消费者推荐食品。消费者组织不得以收取费用或者其他牟取利益的方式向消费者推荐食品。

第四节　特殊食品

第七十四条　国家对保健食品、特殊医学用途配方食品和婴幼儿配方食品等特殊食品实行严格监督管理。

第七十五条　保健食品声称保健功能，应当具有科学依据，不得对人体产生急性、亚急性或者慢性危害。

保健食品原料目录和允许保健食品声称的保健功能目录，由国务院食品药品监督管理部门会同国务院卫生行政部门、国家中医药管理部门制定、调整并公布。

保健食品原料目录应当包括原料名称、用量及其对应的功效；列入保健食品原料目录的原料只能用于保健食品生产，不得用于其他食品生产。

第七十六条　使用保健食品原料目录以外原料的保健食品和首次进口的保健食品应当经国务院食品药品监督管理部门注册。但是，首次进口的保健食品中属于补充维生素、矿物质等营养物质的，应当报国务院食品药品监督管理部门备案。其他保健食品应当报省、自治区、直辖市人民政府食品药品监督管理部门备案。

进口的保健食品应当是出口国（地区）主管部门准许上市销售的产品。

第七十七条　依法应当注册的保健食品，注册时应当提交保健食品的研发报告、产品配方、生产工艺、安全性和保健功能评价、标签、说明书等材料及样品，并提供相关证明文件。国务院食品药品监督管理部门经组织技术审评，对符合安全和功能声称要求的，准予注册；对不符合要求的，不予注册并书面说明理由。对使用保健食品原料目录以外原料的保健食品作出准予注册决定的，应当及时将该原料纳入保健食品原料目录。

依法应当备案的保健食品，备案时应当提交产品配方、生产工艺、标签、说明书以及表明产品安全性和保健功能的材料。

第七十八条　保健食品的标签、说明书不得涉及疾病预防、治疗功能，内容应当真实，与注册或者备案的内容相一致，载明适宜人群、不适宜人群、功效成分或者标志性成分及其含量等，并声明“本品不能代替药物”。保健食品的功能和成分应当与标签、说明书相一致。

第七十九条　保健食品广告除应当符合本法第七十三条第一款的规定外，还应当声明“本品不能代替药物”；其内容应当经生产企业所在地省、自治区、直辖市人民政府食品药品监督管理部门审查批准，取得保健食品广告批准文件。

省、自治区、直辖市人民政府食品药品监督管理部门应当公布并及时更新已经批准的保健食品广告目录以及批准的广告内容。

第八十条　特殊医学用途配方食品应当经国务院食品药品监督管理部门注册。注册时，应当提交产品配方、生产工艺、标签、说明书以及表明产品安全性、营养充足性和特殊医学用途临床效果的材料。

特殊医学用途配方食品广告适用《中华人民共和国广告法》和其他法律、行政法规关于药品广告管理的规定。

第八十一条　婴幼儿配方食品生产企业应当实施从原料进厂到成品出厂的全过程质量控制，对出厂的婴幼儿配方食品实施逐批检验，保证食品安全。

生产婴幼儿配方食品使用的生鲜乳、辅料等食品原料、食品添加剂等，应当符合法律、行政法规的规定和食品安全国家标准，保证婴幼儿生长发育所需的营养成分。

婴幼儿配方食品生产企业应当将食品原料、食品添加剂、产品配方及标签等事项向省、自治区、直辖市人民政府食品药品监督管理部门备案。

婴幼儿配方乳粉的产品配方应当经国务院食品药品监督管理部门注册。注册时，应当提交配方研发报告和其他表明配方科学性、安全性的材料。

不得以分装方式生产婴幼儿配方乳粉，同一企业不得用同一配方生产不同品牌的婴幼儿配方乳粉。

第八十二条　保健食品、特殊医学用途配方食品、婴幼儿配方乳粉的注册人或者备案人应当对其提交材料的真实性负责。

省级以上人民政府食品药品监督管理部门应当及时公布注册或者备案的保健食品、特殊医学用途配方食品、婴幼儿配方乳粉目录，并对注册或者备案中获知的企业商业秘密予以保密。

保健食品、特殊医学用途配方食品、婴幼儿配方乳粉生产企业应当按照注册或者备案的产品配方、生产工艺等技术要求组织生产。

第八十三条　生产保健食品，特殊医学用途配方食品、婴幼儿配方食品和其他专供特定人群的主辅食品的企业，应当按照良好生产规范的要求建立与所生产食品相适应的生产质量管理体系，定期对该体系的运行情况进行自查，保证其有效运行，并向所在地县级人民政府食品药品监督管理部门提交自查报告。

第五章　食品检验

第八十四条　食品检验机构按照国家有关认证认可的规定取得资质认定后，方可从事食品检验活动。但是，法律另有规定的除外。

食品检验机构的资质认定条件和检验规范，由国务院食品药品监督管理部门规定。

符合本法规定的食品检验机构出具的检验报告具有同等效力。

县级以上人民政府应当整合食品检验资源，实现资源共享。

第八十五条 食品检验由食品检验机构指定的检验人独立进行。

检验人应当依照有关法律、法规的规定，并按照食品安全标准和检验规范对食品进行检验，尊重科学，恪守职业道德，保证出具的检验数据和结论客观、公正，不得出具虚假检验报告。

第八十六条 食品检验实行食品检验机构与检验人负责制。食品检验报告应当加盖食品检验机构公章，并有检验人的签名或者盖章。食品检验机构和检验人对出具的食品检验报告负责。

第八十七条 县级以上人民政府食品药品监督管理部门应当对食品进行定期或者不定期的抽样检验，并依据有关规定公布检验结果，不得免检。进行抽样检验，应当购买抽取的样品，委托符合本法规定的食品检验机构进行检验，并支付相关费用；不得向食品生产经营者收取检验费和其他费用。

第八十八条 对依照本法规定实施的检验结论有异议的，食品生产经营者可以自收到检验结论之日起七个工作日内向实施抽样检验的食品药品监督管理部门或者其上一级食品药品监督管理部门提出复检申请，由受理复检申请的食品药品监督管理部门在公布的复检机构名录中随机确定复检机构进行复检。复检机构出具的复检结论为最终检验结论。复检机构与初检机构不得为同一机构。复检机构名录由国务院认证认可监督管理、食品药品监督管理、卫生行政、农业行政等部门共同公布。

采用国家规定的快速检测方法对食用农产品进行抽查检测，被抽查人对检测结果有异议的，可以自收到检测结果时起四小时内申请复检。复检不得采用快速检测方法。

第八十九条 食品生产企业可以自行对所生产的食品进行检验，也可以委托符合本法规定的食品检验机构进行检验。

食品行业协会和消费者协会等组织、消费者需要委托食品检验机构对食品进行检验的，应当委托符合本法规定的食品检验机构进行。

第九十条 食品添加剂的检验，适用本法有关食品检验的规定。

第六章 食品进出口

第九十一条 国家出入境检验检疫部门对进出口食品安全实施监督管理。

第九十二条 进口的食品、食品添加剂、食品相关产品应当符合我国食品安全国家标准。

进口的食品、食品添加剂应当经出入境检验检疫机构依照进出口商品检验相关法律、行政法规的规定检验合格。

进口的食品、食品添加剂应当按照国家出入境检验检疫部门的要求随附合格证明材料。

第九十三条　进口尚无食品安全国家标准的食品，由境外出口商、境外生产企业或者其委托的进口商向国务院卫生行政部门提交所执行的相关国家（地区）标准或者国际标准。国务院卫生行政部门对相关标准进行审查，认为符合食品安全要求的，决定暂予适用，并及时制定相应的食品安全国家标准。进口利用新的食品原料生产的食品或者进口食品添加剂新品种、食品相关产品新品种，依照本法第三十七条的规定办理。

出入境检验检疫机构按照国务院卫生行政部门的要求，对前款规定的食品、食品添加剂、食品相关产品进行检验。检验结果应当公开。

第九十四条　境外出口商、境外生产企业应当保证向我国出口的食品、食品添加剂、食品相关产品符合本法以及我国其他有关法律、行政法规的规定和食品安全国家标准的要求，并对标签、说明书的内容负责。

进口商应当建立境外出口商、境外生产企业审核制度，重点审核前款规定的内容；审核不合格的，不得进口。

发现进口食品不符合我国食品安全国家标准或者有证据证明可能危害人体健康的，进口商应当立即停止进口，并依照本法第六十三条的规定召回。

第九十五条　境外发生的食品安全事件可能对我国境内造成影响，或者在进口食品、食品添加剂、食品相关产品中发现严重食品安全问题的，国家出入境检验检疫部门应当及时采取风险预警或者控制措施，并向国务院食品药品监督管理、卫生行政、农业行政部门通报。接到通报的部门应当及时采取相应措施。

县级以上人民政府食品药品监督管理部门对国内市场上销售的进口食品、食品添加剂实施监督管理。发现存在严重食品安全问题的，国务院食品药品监督管理部门应当及时向国家出入境检验检疫部门通报。国家出入境检验检疫部门应当及时采取相应措施。

第九十六条　向我国境内出口食品的境外出口商或者代理商、进口食品的进口商应当向国家出入境检验检疫部门备案。向我国境内出口食品的境外食品生产企业应当经国家出入境检验检疫部门注册。已经注册的境外食品生产企业提供虚假材料，或者因其自身的原因致使进口食品发生重大食品安全事故的，国家出入境检验检疫部门应当撤销注册并公告。

国家出入境检验检疫部门应当定期公布已经备案的境外出口商、代理商、进口商和已经注册的境外食品生产企业名单。

第九十七条　进口的预包装食品、食品添加剂应当有中文标签；依法应当有说明书的，还应当有中文说明书。标签、说明书应当符合本法以及我国其他有关法律、行政法规的规定和食品安全国家标准的要求，并载明食品的原产地以及境内代理商的名称、地址、联系方式。预包装食品没有中文标签、中文说明书或者标签、说明书不符合本条规定的，不得进口。

第九十八条　进口商应当建立食品、食品添加剂进口和销售记录制度，如实记录食品、食品添加剂的名称、规格、数量、生产日期、生产或者进口批号、保质期、境外出口商和购货者名称、地址及联系方式、交货日期等内容，并保存相关凭证。记录和凭证保存期限应当符合本法第五十条第二款的规定。

第九十九条　出口食品生产企业应当保证其出口食品符合进口国（地区）的标准或者合同要求。

出口食品生产企业和出口食品原料种植、养殖场应当向国家出入境检验检疫部门备案。

第一百条　国家出入境检验检疫部门应当收集、汇总下列进出口食品安全信息，并及时通报相关部门、机构和企业：

（一）出入境检验检疫机构对进出口食品实施检验检疫发现的食品安全信息；

（二）食品行业协会和消费者协会等组织、消费者反映的进口食品安全信息；

（三）国际组织、境外政府机构发布的风险预警信息及其他食品安全信息，以及境外食品行业协会等组织、消费者反映的食品安全信息；

（四）其他食品安全信息。

国家出入境检验检疫部门应当对进出口食品的进口商、出口商和出口食品生产企业实施信用管理，建立信用记录，并依法向社会公布。对有不良记录的进口商、出口商和出口食品生产企业，应当加强对其进出口食品的检验检疫。

第一百零一条　国家出入境检验检疫部门可以对向我国境内出口食品的国家（地区）的食品安全管理体系和食品安全状况进行评估和审查，并根据评估和审查结果，确定相应检验检疫要求。

第七章　食品安全事故处置

第一百零二条　国务院组织制定国家食品安全事故应急预案。

县级以上地方人民政府应当根据有关法律、法规的规定和上级人民政府的食品安全事故应急预案以及本行政区域的实际情况，制定本行政区域的食品安全事故应急预案，并报上一级人民政府备案。

食品安全事故应急预案应当对食品安全事故分级、事故处置组织指挥体系与职责、预防预警机制、处置程序、应急保障措施等作出规定。

食品生产经营企业应当制定食品安全事故处置方案，定期检查本企业各项食品安全防范措施的落实情况，及时消除事故隐患。

第一百零三条　发生食品安全事故的单位应当立即采取措施，防止事故扩大。事故单位和接收病人进行治疗的单位应当及时向事故发生地县级人民政府食品药品监督管理、卫生行政部门报告。

县级以上人民政府质量监督、农业行政等部门在日常监督管理中发现食品安全事故或者接到事故举报，应当立即向同级食品药品监督管理部门通报。

发生食品安全事故，接到报告的县级人民政府食品药品监督管理部门应当按照应急预案的规定向本级人民政府和上级人民政府食品药品监督管理部门报告。县级人民政府和上级人民政府食品药品监督管理部门应当按照应急预案的规定上报。

任何单位和个人不得对食品安全事故隐瞒、谎报、缓报，不得隐匿、伪造、毁灭有关证据。

第一百零四条　医疗机构发现其接收的病人属于食源性疾病病人或者疑似病人的，应当按照规定及时将相关信息向所在地县级人民政府卫生行政部门报告。县级人民政府卫生行政部门认为与食品安全有关的，应当及时通报同级食品药品监督管理部门。

县级以上人民政府卫生行政部门在调查处理传染病或者其他突发公共卫生事件中发现与食品安全相关的信息，应当及时通报同级食品药品监督管理部门。

第一百零五条　县级以上人民政府食品药品监督管理部门接到食品安全事故的报告后，应当立即会同同级卫生行政、质量监督、农业行政等部门进行调查处理，并采取下列措施，防止或者减轻社会危害：

（一）开展应急救援工作，组织救治因食品安全事故导致人身伤害的人员；

（二）封存可能导致食品安全事故的食品及其原料，并立即进行检验；对确认属于被污染的食品及其原料，责令食品生产经营者依照本法第六十三条的规定召回或者停止经营；

（三）封存被污染的食品相关产品，并责令进行清洗消毒；

（四）做好信息发布工作，依法对食品安全事故及其处理情况进行发布，并对可能产生的危害加以解释、说明。

发生食品安全事故需要启动应急预案的，县级以上人民政府应当立即成立事故处置指挥机构，启动应急预案，依照前款和应急预案的规定进行处置。

发生食品安全事故，县级以上疾病预防控制机构应当对事故现场进行卫生处理，并对与事故有关的因素开展流行病学调查，有关部门应当予以协助。县级以上疾病预防控制机构应当向同级食品药品监督管理、卫生行政部门提交流行病学调查报告。

第一百零六条　发生食品安全事故，设区的市级以上人民政府食品药品监督管理部门应当立即会同有关部门进行事故责任调查，督促有关部门履行职责，向本级人民政府和上一级人民政府食品药品监督管理部门提出事故责任调查处理报告。

涉及两个以上省、自治区、直辖市的重大食品安全事故由国务院食品药品监督管理部门依照前款规定组织事故责任调查。

第一百零七条　调查食品安全事故，应当坚持实事求是、尊重科学的原则，及时、准确查清事故性质和原因，认定事故责任，提出整改措施。

调查食品安全事故，除了查明事故单位的责任，还应当查明有关监督管理部门、食品检验机构、认证机构及其工作人员的责任。

第一百零八条　食品安全事故调查部门有权向有关单位和个人了解与事故有关的情况，并要求提供相关资料和样品。有关单位和个人应当予以配合，按照要求提供相关资料和样品，不得拒绝。

任何单位和个人不得阻挠、干涉食品安全事故的调查处理。

第八章　监督管理

第一百零九条　县级以上人民政府食品药品监督管理、质量监督部门根据食品安全风险监测、风险评估结果和食品安全状况等，确定监督管理的重点、方式和频次，实施风险分级管理。

县级以上地方人民政府组织本级食品药品监督管理、质量监督、农业行政等部门制定本行政区域的食品安全年度监督管理计划，向社会公布并组织实施。

食品安全年度监督管理计划应当将下列事项作为监督管理的重点：

（一）专供婴幼儿和其他特定人群的主辅食品；

（二）保健食品生产过程中的添加行为和按照注册或者备案的技术要求组织生产的情况，保健食品标签、说明书以及宣传材料中有关功能宣传的情况；

（三）发生食品安全事故风险较高的食品生产经营者；

（四）食品安全风险监测结果表明可能存在食品安全隐患的事项。

第一百一十条　县级以上人民政府食品药品监督管理、质量监督部门履行各自食品安全监督管理职责，有权采取下列措施，对生产经营者遵守本法的情况进行监督检查：

（一）进入生产经营场所实施现场检查；

（二）对生产经营的食品、食品添加剂、食品相关产品进行抽样检验；

（三）查阅、复制有关合同、票据、账簿以及其他有关资料；

（四）查封、扣押有证据证明不符合食品安全标准或者有证据证明存在安全隐患以及用于违法生产经营的食品、食品添加剂、食品相关产品；

（五）查封违法从事生产经营活动的场所。

第一百一十一条　对食品安全风险评估结果证明食品存在安全隐患，需要制定、修订食品安全标准的，在制定、修订食品安全标准前，国务院卫生行政部门应当及时会同国务院有关部门规定食品中有害物质的临时限量值和临时检验方法，作为生产经营和监督管理的依据。

第一百一十二条　县级以上人民政府食品药品监督管理部门在食品安全监督管理工作中可以采用国家规定的快速检测方法对食品进行抽查检测。

对抽查检测结果表明可能不符合食品安全标准的食品，应当依照本法第八十七条的规定进行检验。抽查检测结果确定有关食品不符合食品安全标准的，可以作为行政处罚的依据。

第一百一十三条　县级以上人民政府食品药品监督管理部门应当建立食品生产经营者食品安全信用档案，记录许可颁发、日常监督检查结果、违法行为查处等情况，依法向社会公布并实时更新；对有不良信用记录的食品生产经营者增加监督检查频次，对违法行为情节严重的食品生产经营者，可以通报投资主管部门、证券监督管理机构和有关的金融机构。

第一百一十四条　食品生产经营过程中存在食品安全隐患，未及时采取措施消除的，县级以上人民政府食品药品监督管理部门可以对食品生产经营者的法定代表人或者主要负责人进行责任约谈。食品生产经营者应当立即采取措施，进行整改，消除隐患。责任约谈情况和整改情况应当纳入食品生产经营者食品安全信用档案。

第一百一十五条　县级以上人民政府食品药品监督管理、质量监督等部门应当公布本部门的电子邮件地址或者电话，接受咨询、投诉、举报。接到咨询、投诉、举报，对属于本部门职责的，应当受理并在法定期限内及时答复、核实、处理；对不属于本部门职责的，应当移交有权处理的部门并书面通知咨询、投诉、举报人。有权处理的部门应当在法定期限内及时处理，不得推诿。对查证属实的举报，给予举报人奖励。

有关部门应当对举报人的信息予以保密，保护举报人的合法权益。举报人举报所在企业的，该企业不得以解除、变更劳动合同或者其他方式对举报人进行打击报复。

第一百一十六条　县级以上人民政府食品药品监督管理、质量监督等部门应当加强对执法人员食品安全法律、法规、标准和专业知识与执法能力等的培训，并组织考核。不具备相应知识和能力的，不得从事食品安全执法工作。

食品生产经营者、食品行业协会、消费者协会等发现食品安全执法人员在执法过程中有违反法律、法规规定的行为以及不规范执法行为的，可以向本级或者上级人民政府食品药品监督管理、质量监督等部门或者监察机关投诉、举报。接到投诉、举报的部门或者机关应当进行核实，并将经核实的情况向食品安全执法人员所在部门通报；涉嫌违法违纪的，按照本法和有关规定处理。

第一百一十七条　县级以上人民政府食品药品监督管理等部门未及时发现食品安全系统性风险，未及时消除监督管理区域内的食品安全隐患的，本级人民政府可以对其主要负责人进行责任约谈。

地方人民政府未履行食品安全职责，未及时消除区域性重大食品安全隐患的，上级人民政府可以对其主要负责人进行责任约谈。

被约谈的食品药品监督管理等部门、地方人民政府应当立即采取措施，对食品安全监督管理工作进行整改。

责任约谈情况和整改情况应当纳入地方人民政府和有关部门食品安全监督管理工作评议、考核记录。

第一百一十八条　国家建立统一的食品安全信息平台，实行食品安全信息统一公布制度。国家食品安全总体情况、食品安全风险警示信息、重大食品安全事故及其调查处理信息和国务院确定需要统一公布的其他信息由国务院食品药品监督管理部门统一公布。食品安全风险警示信息和重大食品安全事故及其调查处理信息的影响限于特定区域的，也可以由有关省、自治区、直辖市人民政府食品药品监督管理部门公布。未经授权不得发布上述信息。

县级以上人民政府食品药品监督管理、质量监督、农业行政部门依据各自职责公布食品安全日常监督管理信息。

公布食品安全信息，应当做到准确、及时，并进行必要的解释说明，避免误导消费者和社会舆论。

第一百一十九条　县级以上地方人民政府食品药品监督管理、卫生行政、质量监督、农业行政部门获知本法规定需要统一公布的信息，应当向上级主管部门报告，由上级主管部门立即报告国务院食品药品监督管理部门；必要时，可以直接向国务院食品药品监督管理部门报告。

县级以上人民政府食品药品监督管理、卫生行政、质量监督、农业行政部门应当相互通报获知的食品安全信息。

第一百二十条　任何单位和个人不得编造、散布虚假食品安全信息。

县级以上人民政府食品药品监督管理部门发现可能误导消费者和社会舆论的食品安全信息，应当立即组织有关部门、专业机构、相关食品生产经营者等进行核实、分析，并及时公布结果。

第一百二十一条　县级以上人民政府食品药品监督管理、质量监督等部门发现涉嫌食品安全犯罪的，应当按照有关规定及时将案件移送公安机关。对移送的案件，公安机关应当及时审查；认为有犯罪事实需要追究刑事责任的，应当立案侦查。

公安机关在食品安全犯罪案件侦查过程中认为没有犯罪事实，或者犯罪事实显著轻微，不需要追究刑事责任，但依法应当追究行政责任的，应当及时将案件移送食品药品监督管理、质量监督等部门和监察机关，有关部门应当依法处理。

公安机关商请食品药品监督管理、质量监督、环境保护等部门提供检验结论、认定意见以及对涉案物品进行无害化处理等协助的，有关部门应当及时提供，予以协助。

第九章　法律责任

第一百二十二条　违反本法规定，未取得食品生产经营许可从事食品生产经营活动，或者未取得食品添加剂生产许可从事食品添加剂生产活动的，由县级以上人民政府食品药品监督管理部门没收违法所得和违法生产经营的食品、食品添加剂以及用于违法生产经营的工具、设备、原料等物品；违法生产经营的食品、食品添加剂货值金额不足一万元的，并处五万元以上十万元以下罚款；货值金额一万元以上的，并处货值金额十倍以上二十倍以下罚款。

明知从事前款规定的违法行为，仍为其提供生产经营场所或者其他条件的，由县级以上人民政府食品药品监督管理部门责令停止违法行为，没收违法所得，并处五万元以上十万元以下罚款；使消费者的合法权益受到损害的，应当与食品、食品添加剂生产经营者承担连带责任。

第一百二十三条　违反本法规定，有下列情形之一，尚不构成犯罪的，由县级以上人民政府食品药品监督管理部门没收违法所得和违法生产经营的食品，并可以没收用于违法生产经营的工具、设备、原料等物品；违法生产经营的食品货值金额不足一万元的，并处十万元以上十五万元以下罚款；货值金额一万元以上的，并处货值金额十五倍以上三十倍以下罚款；情节严重的，吊销许可证，并可以由公安机关对其直接负责的主管人员和其他直接责任人员处五日以上十五日以下拘留：

（一）用非食品原料生产食品、在食品中添加食品添加剂以外的化学物质和其他可能危害人体健康的物质，或者用回收食品作为原料生产食品，或者经营上述食品；

（二）生产经营营养成分不符合食品安全标准的专供婴幼儿和其他特定人群的主辅食品；

（三）经营病死、毒死或者死因不明的禽、畜、兽、水产动物肉类，或者生产经营其制品；

（四）经营未按规定进行检疫或者检疫不合格的肉类，或者生产经营未经检验或者检验不合格的肉类制品；

（五）生产经营国家为防病等特殊需要明令禁止生产经营的食品；

（六）生产经营添加药品的食品。

明知从事前款规定的违法行为，仍为其提供生产经营场所或者其他条件的，由县级以上人民政府食品药品监督管理部门责令停止违法行为，没收违法所得，并处十万元以上二十万元以下罚款；使消费者的合法权益受到损害的，应当与食品生产经营者承担连带责任。

违法使用剧毒、高毒农药的，除依照有关法律、法规规定给予处罚外，可以由公安机关依照第一款规定给予拘留。

第一百二十四条　违反本法规定，有下列情形之一，尚不构成犯罪的，由县级以上人民政府食品药品监督管理部门没收违法所得和违法生产经营的食品、食品添加剂，并可以没收用于违法生产经营的工具、设备、原料等物品；违法生产经营的食品、食品添加剂货值金额不足一万元的，并处五万元以上十万元以下罚款；货值金额一万元以上的，并处货值金额十倍以上二十倍以下罚款；情节严重的，吊销许可证：

（一）生产经营致病性微生物，农药残留、兽药残留、生物毒素、重金属等污染物质以及其他危害人体健康的物质含量超过食品安全标准限量的食品、食品添加剂；

（二）用超过保质期的食品原料、食品添加剂生产食品、食品添加剂，或者经营上述食品、食品添加剂；

（三）生产经营超范围、超限量使用食品添加剂的食品；

（四）生产经营腐败变质、油脂酸败、霉变生虫、污秽不洁、混有异物、掺假掺杂或者感官性状异常的食品、食品添加剂；

（五）生产经营标注虚假生产日期、保质期或者超过保质期的食品、食品添加剂；

（六）生产经营未按规定注册的保健食品、特殊医学用途配方食品、婴幼儿配方乳粉，或者未按注册的产品配方、生产工艺等技术要求组织生产；

（七）以分装方式生产婴幼儿配方乳粉，或者同一企业以同一配方生产不同品牌的婴幼儿配方乳粉；

（八）利用新的食品原料生产食品，或者生产食品添加剂新品种，未通过安全性评估；

（九）食品生产经营者在食品药品监督管理部门责令其召回或者停止经营后，仍拒不召回或者停止经营。

除前款和本法第一百二十三条、第一百二十五条规定的情形外，生产经营不符合法律、法规或者食品安全标准的食品、食品添加剂的，依照前款规定给予处罚。

生产食品相关产品新品种，未通过安全性评估，或者生产不符合食品安全标准的食品相关产品的，由县级以上人民政府质量监督部门依照第一款规定给予处罚。

第一百二十五条　违反本法规定，有下列情形之一的，由县级以上人民政府食品药品监督管理部门没收违法所得和违法生产经营的食品、食品添加剂，并可以没收用于违法生产经营的工具、设备、原料等物品；违法生产经营的食品、食品添加剂货值金额不足一万元的，并处五千元以上五万元以下罚款；货值金额一万元以上的，并处货值金额五倍以上十倍以下罚款；情节严重的，责令停产停业，直至吊销许可证：

（一）生产经营被包装材料、容器、运输工具等污染的食品、食品添加剂；

（二）生产经营无标签的预包装食品、食品添加剂或者标签、说明书不符合本法规定的食品、食品添加剂；

（三）生产经营转基因食品未按规定进行标示；

（四）食品生产经营者采购或者使用不符合食品安全标准的食品原料、食品添加剂、食品相关产品。

生产经营的食品、食品添加剂的标签、说明书存在瑕疵但不影响食品安全且不会对消费者造成误导的，由县级以上人民政府食品药品监督管理部门责令改正；拒不改正的，处二千元以下罚款。

第一百二十六条　违反本法规定，有下列情形之一的，由县级以上人民政府食品药品监督管理部门责令改正，给予警告；拒不改正的，处五千元以上五万元以下罚款；情节严重的，责令停产停业，直至吊销许可证：

（一）食品、食品添加剂生产者未按规定对采购的食品原料和生产的食品、食品添加剂进行检验；

（二）食品生产经营企业未按规定建立食品安全管理制度，或者未按规定配备或者培训、考核食品安全管理人员；

（三）食品、食品添加剂生产经营者进货时未查验许可证和相关证明文件，或者未按规定建立并遵守进货查验记录、出厂检验记录和销售记录制度；

（四）食品生产经营企业未制定食品安全事故处置方案；

（五）餐具、饮具和盛放直接入口食品的容器，使用前未经洗净、消毒或者清洗消毒不合格，或者餐饮服务设施、设备未按规定定期维护、清洗、校验；

（六）食品生产经营者安排未取得健康证明或者患有国务院卫生行政部门规定的有碍食品安全疾病的人员从事接触直接入口食品的工作；

（七）食品经营者未按规定要求销售食品；

（八）保健食品生产企业未按规定向食品药品监督管理部门备案，或者未按备案的产品配方、生产工艺等技术要求组织生产；

（九）婴幼儿配方食品生产企业未将食品原料、食品添加剂、产品配方、标签等向食品药品监督管理部门备案；

（十）特殊食品生产企业未按规定建立生产质量管理体系并有效运行，或者未定期提交自查报告；

（十一）食品生产经营者未定期对食品安全状况进行检查评价，或者生产经营条件发生变化，未按规定处理；

（十二）学校、托幼机构、养老机构、建筑工地等集中用餐单位未按规定履行食品安全管理责任；

（十三）食品生产企业、餐饮服务提供者未按规定制定、实施生产经营过程控制要求。

餐具、饮具集中消毒服务单位违反本法规定用水，使用洗涤剂、消毒剂，或者出厂的餐具、饮具未按规定检验合格并随附消毒合格证明，或者未按规定在独立包装上标注相关内容的，由县级以上人民政府卫生行政部门依照前款规定给予处罚。

食品相关产品生产者未按规定对生产的食品相关产品进行检验的，由县级以上人民政府质量监督部门依照第一款规定给予处罚。

食用农产品销售者违反本法第六十五条规定的，由县级以上人民政府食品药品监督管理部门依照第一款规定给予处罚。

第一百二十七条　对食品生产加工小作坊、食品摊贩等的违法行为的处罚，依照省、自治区、直辖市制定的具体管理办法执行。

第一百二十八条　违反本法规定，事故单位在发生食品安全事故后未进行处置、报告的，由有关主管部门按照各自职责分工责令改正，给予警告；隐匿、伪造、毁灭有关证据的，责令停产停业，没收违法所得，并处十万元以上五十万元以下罚款；造成严重后果的，吊销许可证。

第一百二十九条　违反本法规定，有下列情形之一的，由出入境检验检疫机构依照本法第一百二十四条的规定给予处罚：

（一）提供虚假材料，进口不符合我国食品安全国家标准的食品、食品添加剂、食品相关产品；

（二）进口尚无食品安全国家标准的食品，未提交所执行的标准并经国务院卫生行政部门审查，或者进口利用新的食品原料生产的食品或者进口食品添加剂新品种、食品相关产品新品种，未通过安全性评估；

（三）未遵守本法的规定出口食品；

（四）进口商在有关主管部门责令其依照本法规定召回进口的食品后，仍拒不召回。

违反本法规定，进口商未建立并遵守食品、食品添加剂进口和销售记录制度、境外出口商或者生产企业审核制度的，由出入境检验检疫机构依照本法第一百二十六条的规定给予处罚。

第一百三十条　违反本法规定，集中交易市场的开办者、柜台出租者、展销会的举办者允许未依法取得许可的食品经营者进入市场销售食品，或者未履行检查、报告等义务的，由县级以上人民政府食品药品监督管理部门责令改正，没收违法所得，并处五万元以上二十万元以下罚款；造成严重后果的，责令停业，直至由原发证部门吊销许可证；使消费者的合法权益受到损害的，应当与食品经营者承担连带责任。

食用农产品批发市场违反本法第六十四条规定的，依照前款规定承担责任。

第一百三十一条　违反本法规定，网络食品交易第三方平台提供者未对入网食品经营者进行实名登记、审查许可证，或者未履行报告、停止提供网络交易平台服务等义务的，由县级以上人民政府食品药品监督管理部门责令改正，没收违法所得，并处五万元以上二十万元以下罚款；造成严重后果的，责令停业，直至由原发证部门吊销许可证；使消费者的合法权益受到损害的，应当与食品经营者承担连带责任。

消费者通过网络食品交易第三方平台购买食品，其合法权益受到损害的，可以向入网食品经营者或者食品生产者要求赔偿。网络食品交易第三方平台提供者不能提供入网食品经营者的真实名称、地址和有效联系方式的，由网络食品交易第三方平台提供者赔偿。网络食品交易第三方平台提供者赔偿后，有权向入网食品经营者或者食品生产者追偿。网络食品交易第三方平台提供者作出更有利于消费者承诺的，应当履行其承诺。

第一百三十二条　违反本法规定，未按要求进行食品贮存、运输和装卸的，由县级以上人民政府食品药品监督管理等部门按照各自职责分工责令改正，给予警告；拒不改正的，责令停产停业，并处一万元以上五万元以下罚款；情节严重的，吊销许可证。

第一百三十三条　违反本法规定，拒绝、阻挠、干涉有关部门、机构及其工作人员依法开展食品安全监督检查、事故调查处理、风险监测和风险评估的，由有关主管部门按照各自职责分工责令停产停业，并处二千元以上五万元以下罚款；情节严重的，吊销许可证；构成违反治安管理行为的，由公安机关依法给予治安管理处罚。

违反本法规定，对举报人以解除、变更劳动合同或者其他方式打击报复的，应当依照有关法律的规定承担责任。

第一百三十四条　食品生产经营者在一年内累计三次因违反本法规定受到责令停产停业、吊销许可证以外处罚的，由食品药品监督管理部门责令停产停业，直至吊销许可证。

第一百三十五条　被吊销许可证的食品生产经营者及其法定代表人、直接负责的主管人员和其他直接责任人员自处罚决定作出之日起五年内不得申请食品生产经营许可，或者从事食品生产经营管理工作、担任食品生产经营企业食品安全管理人员。

因食品安全犯罪被判处有期徒刑以上刑罚的，终身不得从事食品生产经营管理工作，也不得担任食品生产经营企业食品安全管理人员。

食品生产经营者聘用人员违反前两款规定的，由县级以上人民政府食品药品监督管理部门吊销许可证。

第一百三十六条　食品经营者履行了本法规定的进货查验等义务，有充分证据证明其不知道所采购的食品不符合食品安全标准，并能如实说明其进货来源的，可以免予处罚，但应当依法没收其不符合食品安全标准的食品；造成人身、财产或者其他损害的，依法承担赔偿责任。

第一百三十七条　违反本法规定，承担食品安全风险监测、风险评估工作的技术机构、技术人员提供虚假监测、评估信息的，依法对技术机构直接负责的主管人员和技术人员给予撤职、开除处分；有执业资格的，由授予其资格的主管部门吊销执业证书。

第一百三十八条　违反本法规定，食品检验机构、食品检验人员出具虚假检验报告的，由授予其资质的主管部门或者机构撤销该食品检验机构的检验资质，没收所收取的检验费用，并处检验费用五倍以上十倍以下罚款，检验费用不足一万元的，并处五万元以上十万元以下罚款；依法对食品检验机构直接负责的主管人员和食品检验人员给予撤职或者开除处分；导致发生重大食品安全事故的，对直接负责的主管人员和食品检验人员给予开除处分。

违反本法规定，受到开除处分的食品检验机构人员，自处分决定作出之日起十年内不得从事食品检验工作；因食品安全违法行为受到刑事处罚或者因出具虚假检验报告导致发生重大食品安全事故受到开除处分的食品检验机构人员，终身不得从事食品检验工作。食品检验机构聘用不得从事食品检验工作的人员的，由授予其资质的主管部门或者机构撤销该食品检验机构的检验资质。

食品检验机构出具虚假检验报告，使消费者的合法权益受到损害的，应当与食品生产经营者承担连带责任。

第一百三十九条　违反本法规定，认证机构出具虚假认证结论，由认证认可监督管理部门没收所收取的认证费用，并处认证费用五倍以上十倍以下罚款，认证费用不足一万元的，并处五万元以上十万元以下罚款；情节严重的，责令停业，直至撤销认证机构批准文件，并向社会公布；对直接负责的主管人员和负有直接责任的认证人员，撤销其执业资格。

认证机构出具虚假认证结论，使消费者的合法权益受到损害的，应当与食品生产经营者承担连带责任。

第一百四十条　违反本法规定，在广告中对食品作虚假宣传，欺骗消费者，或者发布未取得批准文件、广告内容与批准文件不一致的保健食品广告的，依照《中华人民共和国广告法》的规定给予处罚。

广告经营者、发布者设计、制作、发布虚假食品广告，使消费者的合法权益受到损害的，应当与食品生产经营者承担连带责任。

社会团体或者其他组织、个人在虚假广告或者其他虚假宣传中向消费者推荐食品，使消费者的合法权益受到损害的，应当与食品生产经营者承担连带责任。

违反本法规定，食品药品监督管理等部门、食品检验机构、食品行业协会以广告或者其他形式向消费者推荐食品，消费者组织以收取费用或者其他牟取利益的方式向消费者推荐食品的，由有关主管部门没收违法所得，依法对直接负责的主管人员和其他直接责任人员给予记大过、降级或者撤职处分；情节严重的，给予开除处分。

对食品作虚假宣传且情节严重的，由省级以上人民政府食品药品监督管理部门决定暂停销售该食品，并向社会公布；仍然销售该食品的，由县级以上人民政府食品药品监督管理部门没收违法所得和违法销售的食品，并处二万元以上五万元以下罚款。

第一百四十一条　违反本法规定，编造、散布虚假食品安全信息，构成违反治安管理行为的，由公安机关依法给予治安管理处罚。

媒体编造、散布虚假食品安全信息的，由有关主管部门依法给予处罚，并对直接负责的主管人员和其他直接责任人员给予处分；使公民、法人或者其他组织的合法权益受到损害的，依法承担消除影响、恢复名誉、赔偿损失、赔礼道歉等民事责任。

第一百四十二条　违反本法规定，县级以上地方人民政府有下列行为之一的，对直接负责的主管人员和其他直接责任人员给予记大过处分；情节较重的，给予降级或者撤职处分；情节严重的，给予开除处分；造成严重后果的，其主要负责人还应当引咎辞职：

（一）对发生在本行政区域内的食品安全事故，未及时组织协调有关部门开展有效处置，造成不良影响或者损失；

（二）对本行政区域内涉及多环节的区域性食品安全问题，未及时组织整治，造成不良影响或者损失；

（三）隐瞒、谎报、缓报食品安全事故；

（四）本行政区域内发生特别重大食品安全事故，或者连续发生重大食品安全事故。

第一百四十三条　违反本法规定，县级以上地方人民政府有下列行为之一的，对直接负责的主管人员和其他直接责任人员给予警告、记过或者记大过处分；造成严重后果的，给予降级或者撤职处分：

（一）未确定有关部门的食品安全监督管理职责，未建立健全食品安全全程监督管理工作机制和信息共享机制，未落实食品安全监督管理责任制；

（二）未制定本行政区域的食品安全事故应急预案，或者发生食品安全事故后未按规定立即成立事故处置指挥机构、启动应急预案。

第一百四十四条　违反本法规定，县级以上人民政府食品药品监督管理、卫生行政、质量监督、农业行政等部门有下列行为之一的，对直接负责的主管人员和其他直接责任人员给予记大过处分；情节较重的，给予降级或者撤职处分；情节严重的，给予开除处分；造成严重后果的，其主要负责人还应当引咎辞职：

（一）隐瞒、谎报、缓报食品安全事故；

（二）未按规定查处食品安全事故，或者接到食品安全事故报告未及时处理，造成事故扩大或者蔓延；

（三）经食品安全风险评估得出食品、食品添加剂、食品相关产品不安全结论后，未及时采取相应措施，造成食品安全事故或者不良社会影响；

（四）对不符合条件的申请人准予许可，或者超越法定职权准予许可；

（五）不履行食品安全监督管理职责，导致发生食品安全事故。

第一百四十五条　违反本法规定，县级以上人民政府食品药品监督管理、卫生行政、质量监督、农业行政等部门有下列行为之一，造成不良后果的，对直接负责的主管人员和其他直接责任人员给予警告、记过或者记大过处分；情节较重的，给予降级或者撤职处分；情节严重的，给予开除处分：

（一）在获知有关食品安全信息后，未按规定向上级主管部门和本级人民政府报告，或者未按规定相互通报；

（二）未按规定公布食品安全信息；

（三）不履行法定职责，对查处食品安全违法行为不配合，或者滥用职权、玩忽职守、徇私舞弊。

第一百四十六条　食品药品监督管理、质量监督等部门在履行食品安全监督管理职责过程中，违法实施检查、强制等执法措施，给生产经营者造成损失的，应当依法予以赔偿，对直接负责的主管人员和其他直接责任人员依法给予处分。

第一百四十七条　违反本法规定，造成人身、财产或者其他损害的，依法承担赔偿责任。生产经营者财产不足以同时承担民事赔偿责任和缴纳罚款、罚金时，先承担民事赔偿责任。

第一百四十八条　消费者因不符合食品安全标准的食品受到损害的，可以向经营者要求赔偿损失，也可以向生产者要求赔偿损失。接到消费者赔偿要求的生产经营者，应当实行首负责任制，先行赔付，不得推诿；属于生产者责任的，经营者赔偿后有权向生产者追偿；属于经营者责任的，生产者赔偿后有权向经营者追偿。

生产不符合食品安全标准的食品或者经营明知是不符合食品安全标准的食品，消费者除要求赔偿损失外，还可以向生产者或者经营者要求支付价款十倍或者损失三倍的赔偿金；增加赔偿的金额不足一千元的，为一千元。但是，食品的标签、说明书存在不影响食品安全且不会对消费者造成误导的瑕疵的除外。

第一百四十九条　违反本法规定，构成犯罪的，依法追究刑事责任。

第十章　附　则

第一百五十条　本法下列用语的含义：

食品，指各种供人食用或者饮用的成品和原料以及按照传统既是食品又是中药材的物品，但是不包括以治疗为目的的物品。

食品安全，指食品无毒、无害，符合应当有的营养要求，对人体健康不造成任何急性、亚急性或者慢性危害。

预包装食品，指预先定量包装或者制作在包装材料、容器中的食品。

食品添加剂，指为改善食品品质和色、香、味以及为防腐、保鲜和加工工艺的需要而加入食品中的人工合成或者天然物质，包括营养强化剂。

用于食品的包装材料和容器，指包装、盛放食品或者食品添加剂用的纸、竹、木、金属、搪瓷、陶瓷、塑料、橡胶、天然纤维、化学纤维、玻璃等制品和直接接触食品或者食品添加剂的涂料。

用于食品生产经营的工具、设备，指在食品或者食品添加剂生产、销售、使用过程中直接接触食品或者食品添加剂的机械、管道、传送带、容器、用具、餐具等。

用于食品的洗涤剂、消毒剂，指直接用于洗涤或者消毒食品、餐具、饮具以及直接接触食品的工具、设备或者食品包装材料和容器的物质。

食品保质期，指食品在标明的贮存条件下保持品质的期限。

食源性疾病，指食品中致病因素进入人体引起的感染性、中毒性等疾病，包括食物中毒。

食品安全事故，指食源性疾病、食品污染等源于食品，对人体健康有危害或者可能有危害的事故。

第一百五十一条　转基因食品和食盐的食品安全管理，本法未作规定的，适用其他法律、行政法规的规定。

第一百五十二条　铁路、民航运营中食品安全的管理办法由国务院食品药品监督管理部门会同国务院有关部门依照本法制定。

保健食品的具体管理办法由国务院食品药品监督管理部门依照本法制定。

食品相关产品生产活动的具体管理办法由国务院质量监督部门依照本法制定。

国境口岸食品的监督管理由出入境检验检疫机构依照本法以及有关法律、行政法规的规定实施。

军队专用食品和自供食品的食品安全管理办法由中央军事委员会依照本法

制定。

第一百五十三条　国务院根据实际需要，可以对食品安全监督管理体制作出调整。

第一百五十四条　本法自2015年10月1日起施行。

参考文献

[1]孙长颢. 营养与食品卫生学[M].北京:人民卫生出版社,2005.

[2]雷伊布亚恩.基础食品微生物学[M].北京:中国轻工业出版社,2014.

[3]王心如.毒理学基础[M].北京:人民卫生出版社,2012.

[4]沃森.食品化学安全[M].吴永宁.北京:中国轻工业出版社,2010.

[5]国家食品安全风险评估中心,食品安全国家标准审评委员会秘书处.食品产品、特殊膳食用食品、食品生产经营规范、食品相关产品[M]//食品安全国家标准汇编.北京:中国人口出版社,2014.

[6]曹小红.食品安全与卫生[M].北京:科学出版社,2013.

[7]平静.各国对转基因食品的态度研究[J].牡丹江大学学报,2011,20(9):109-110.

[8]贾士荣,金芜军.国际转基因作物的安全性争论[J].食品与机械,2012(4):8.

[9]谭龙飞.食品安全与生物污染防治[M].北京:化学工业出版社,2007.

[10]刘晓芳.营养与食品安全技术[M].北京:中国中医药出版社,2006.

[11]包大跃.食品安全危害与控制[M].北京:化学工业出版社,2006.

[12]杜巍.食品安全与疾病[M].北京:人民军医出版社,2007.

[13]贾英民.食品安全控制技术[M].北京:中国农业出版社,2006.

[14]阚健全.食品化学[M].北京:中国农业大学出版社,2008.

[15]赵晋府.食品工艺学[M].北京:中国轻工业出版社,2002.

[16]李怀林.食品安全控制体系(HACCP)通用教程[M].北京:中国标准出版社,2003.

[17]钱和.HACCP原理与实施[M].北京:中国轻工业出版社,2003.

[18]田惠光.食品安全控制关键技术[M].北京:科学出版社,2004.

[19]宋怿.食品风险分析理论与实践[M].北京:中国标准出版社,2005.

[20]罗艳,谭红,何锦林,等.我国食品安全预警体系的现状、问题和对策[J].食品工程,2010(4):3-5.

[21]王凤云,赵一民,张晓艳,等.我国食品质量安全追溯体系建设概况[J].农业网络信息,2008(10):47-49.

[22]赵林度,钱娟.食品安全溯源于召回[M].北京:科学出版社,2009.

[23]唐晓纯.食品安全预警理论、方法与应用[M].北京:中国轻工业出版社,2008.

[24]许建军,周若兰.美国食品安全预警体系及其对我国的启示[J].世界标准化与质量管理,2008(3):47-49.

[25]程景民,李佳,薛贝.欧盟食品预警系统与我国食品出口的安全应对[J].医学与社会,2010,23(10):3-5.

[26]张斌,程望奇,吴婴霓.食品安全溯源信息自动采集技术研究[J].长沙民政职业技术学院学报,2010,17(3):114-116.

[27]陈骥.建立健全食品安全溯源体系的思考[J].理论探索,2011(6):49-52.

[28]黄围.发达国家食品安全溯源体系及对我国的启示[J].农业机械,2013(4):23-25.

[29]房瑞景,陈雨生,周静.国外食品安全溯源信息监管体系及经验借鉴[J].农业经济,2012(9):6-8.